U0148936

元智大學中國語文學系學術研究叢書

全球化時代的中文系

主　編

王潤華

編輯委員

李翠瑛、胡順萍、洪惟仁、黃秀燕
徐富美、鍾怡雯、鍾雲鶯、羅鳳珠

審閱委員
王靖宇、王潤華、李家樹、陳思和

教育部頂尖大學
元智大學人文通識與倫理計劃

國家圖書館出版品預行編目資料

全球化時代的中文系 / 王潤華主編. 初版. --
臺北市：文史哲，民 95.
頁： 公分(元智大學中國語文系學術研究叢書)
ISBN 957-549-681-7 (平裝)

1.中國文學 – 教學法 – 論文,講詞等

820.3　　　　　　　　　　　　95011872

元智大學中國語文學系學術研究叢書

全球化時代的中文系

主 編 者：王　　　潤　　　華
編輯委員：李翠瑛、胡順萍、洪惟仁、黃秀燕
　　　　　徐富美、鍾怡雯、鍾雲鶯、羅鳳珠
執行編輯：黃　　文　　倩
倡 印 者：元　　智　　大　　學
　　　　　桃園縣中壢市內壢遠東路一三五號
　　　　　電　話：886-3-4638800
出 版 者：文　史　哲　出　版　社
　　　　　http://www.lapen.com.tw
登記證字號：行政院新聞局版臺業字五三三七號
發 行 人：彭　　正　　雄
發 行 所：文　史　哲　出　版　社
印 刷 者：文　史　哲　出　版　社
　　　　　臺北市羅斯福路一段七十二巷四號
　　　　　郵政劃撥帳號：一六一八○一七五
　　　　　電話886-2-23511028・傳真886-2-23965656
實價新臺幣二八○元
中華民國九十五年（2006）六月初版

全球化時代的中文系

目　　錄

序

　　元智大學在 1997 年從理工學院轉型為綜合性大學，開始以建構亞洲新興大學的新典範為目標，2006 年被臺灣教育部評鑑為臺灣十二所頂尖大學之一，邁向世界頂尖大學發展。中語系成立於 1998 年，年輕富有活力，在四 I 為典範的基礎下，追求國際化（Internationalization）、資訊化（Information）、知識整合（Integration）、創新（Innovation）等願景，並以此作為落實與實踐教學與研究的方向。

　　中文系所空間座落在本校五館大樓，建築設計就像一台電腦。安置在電腦形狀大樓裏的中語系所，也正象徵我們已進入資訊社會。在這種不存在距離的空間中，大學的學系圍牆也有拆除的必要。在知識整合的時代，我認為每個人都需要更廣泛的知識、視野與多元的思考方法，因此必須開始思考中語系/所與數位科技的結合與轉型。

　　在思考中文系在資訊轉型時代的教學、研究、服務及人才培養等問題 —— 如何追求特色化、差異化並提升中文系的國際地位，我們希望透過邀請世界各國中文系主任及資深學者的腦力激盪，為本系及中文學術界重新定位並開啟創意發展的途徑。為此 2004 年 6 月 10 日至 12 日在本校舉辦了「全球中文系發展新方向國際會議」。

　　參加這個研討會的主任，就是象徵拆除大學院系圍牆、人才圍牆、知識圍牆的工程已經啟動。李瑞騰為私立文化大

學博士，現任國立的中央大學文學院院長（現已卸任）、中語系主任，他以個人的能力拆除了臺灣大學的偏見的圍牆；李焯然出生香港，受教於港大，並獲澳洲國立大學的歷史博士學位，現在新加坡國立大學任教；我原本南洋出生，主修西方漢學、比較文學，而非正統的臺灣中文系學位，現任臺灣的中語系主任。我們整合知識、拆除了國家、人才、知識圍牆的現象，與本次會議的學者所提出的顛覆舊傳統、舊觀念的願景，都是希望能對以創新為主的文化經濟做出貢獻、進而實踐人文關懷。

　　國際會議結束後，為了檢討中語系的競爭力、改革課程、規劃系所發展的路線，我好幾次重讀這些論文，每次都提供我許多參考價值，故決定將所有的論文出版成書。因為我們相信，在一個競爭激烈的高等教育環境中，這本論文集揭露了我們向上提升、從優越到卓越的奧秘。我期望全球大學或學術界的領導人，尤其中文系的領導人、學者與學生，在思考全球中文學科的重造、重新定位、越界轉型、國際/本土化時、甚至與其他學科的知識整合時，都能夠從中得到啟發與動力。

　　本論文結集時，特請香港大學中文系李家樹教授、美國史丹福大學中文與文化研究中心主任王靖宇教授、上海復旦大學中文系陳思和教授及本人進行審閱、論文發表會各主持人兼講評人也對各篇論文提出過寶貴的意見、黃文倩同學擔任本書執行編輯，在此一併致謝。

元智大學中語系主任　王潤華

2006 年

美國大學中文系的演變
── 從語言學習到文化研究

王靖宇教授

美國史丹福大學中文與文化研究中心主任

　　主席、詹校長、王院長及各位貴賓大家好！非常感謝王院長邀請我來參加這個會議。元智大學是我久仰，可是始終沒有來過的學校，現在終於如願以償，所以感到十分高興。可是當初受到王院長的邀請時，我正好有些別的工作要做，沒有辦法寫出正式的稿子，臨時寫出一點 outline，若是有些凌亂、不清楚的地方，還要請大家多多原諒。

　　我報告的題目是〈美國大學中文系的演變 ── 從語言學習到文化研究〉，這個題目其實也是王院長給我的，我覺得挺好的，我就沒有怎麼改，因為很配合這次研討會的主題，不過中文系這個名稱，對美國來說也許說成中文課程比較恰當。因為從以前到現在，雖然有一些學校有所謂的中文系、中國語言學系，但這樣的情況不多，而且往往是剛開始、規模比較小的學校；在歷史比較久、規模比較大的學校，所謂的中文系其實是另外一個系的一部分，最常見的就是亞洲語文系、東亞語言文化系，在那裡頭中文是一部分，還有日文、

韓文等等，所以我今天講美國大學中文系的演變，其實是講
美國大學中文課程的演變。

　　我先就美國大學中文系的演變過程，還有它目前的發展
情況做一個簡單的報告和說明，如果時間允許的話，最後我
會講一些我自己對美國大學中文教學的一些感想，同時也發
表一些展望和看法。

　　中文課程在美國的開設可以追溯到 1870 年，那一年哈佛
大學正式開始講授中文方面的課程，之後不久，其他一些在
美國歷史悠久的大學，像哥倫比亞大學、加州大學柏克萊分
校，大概六、七間大學，也都開始講授中文方面的課程。不
過在早期的中文課程可以說是相當的簡陋，老師的人數、同
學的人數也都屈指可數、寥寥無幾，而且做為一個中文老師
往往一個人要教各式各樣的課，從語言到文學，有的時候需
要的話還包括歷史、哲學這方面的課，可以說是真正的通才
漢學家，這種情況一直維持到二次世界大戰，還有後來的韓
戰。

　　韓戰以後，由於實際上的需要，美國政府還有一些私人
的基金會開始投入大量的資金培養師資、訓練學生，鼓勵學
生們學習中文。中文課程很快的開始急速發展，開有中文課
程的大學由原來的七、八間，一下子就加到差不多一百三十
多家，老師的人數也大大增加。因此課程的專業性就加強了，
分工也比較細緻。語言方面的課程，由最初級的白話文一直
到古文。而文學方面的課程也分成傳統詩歌、傳統小說、傳
統戲曲、文學批評、現當代文學等等。目前的情況更好，中
文課程發展的不錯，這得感謝中國大陸的開放還有經濟的崛

起。據一個非正式的統計，現在在美國至少上千所的大學都開有中文課程。

以我們學校—史丹福大學來說，除了我上面說過的語言課，從最初級到比較高深的古文，我們甚至還有第二年的古文，以及語言學方面的課程。因為學語言的學生愈來愈多，所以我們系裡就聘請了很多教語言方面的老師，在我們系目前就有九位這樣的老師，另外像教授這一類的同事們有六個人，所以事實上教語言方面的老師比教其他科目的老師要多。選課的學生愈來愈多，就語言課程，還有其他文學、文化一般課程通通算起來，一年的選課人數，平均絕對超過一千人。中文在史丹福來說是第二大外語；第一大外語是西班牙文，因為加州墨西哥後裔的人很多，西班牙語流行，所以西班牙語在史丹福是第一大外語，但接著就是我們中文。

總的來說，在美國的中國文學研究，有從文本的研究和欣賞，走向文化研究的趨勢。不論在課程裡頭、研究著作方面，大家愈來愈強調時代背景的研究，就是說把文學作品放在文化、社會、歷史脈絡裡來看，這種趨勢愈來愈明顯。

最近英國的劍橋大學出版社準備要出版一部兩大冊的中國文學史，由哈佛大學的宇文所安（Stephen Owen）教授和耶魯大學的孫康宜教授兩個人聯合主編，他們邀請了十幾個人一起來合作，寫這部中國文學史。劍橋大學出版社要我來評審這個提案，看了之後，就可以很清楚看出我剛剛講的那種趨勢。以往用英文寫作的中國文學史，基本上是以文學形式為主，比方說詩，從最早的詩經、楚辭這樣下來，然後是後來的文體，如小說、戲曲等等。可是宇文教授和孫康宜教

授他們新編的中國文學史就改變了這樣的方法，他們是以時期爲主，就是以一個時期、一個時期來講，那每一個時期可以包括詩，也可以包括小說。他們認爲，這種寫法可以更清楚地展現出一個時期的文學文化（literary culture），而且文學上的時期不一定和政治上的時代一致。這種強調一個時期整體文化研究的趨勢，在研究現代和當代文學裡頭，尤其是突出。

　　有的時候我覺得，現當代文學的同行們的研究是不是走得太遠了一點，漸漸脫離了文本，根本變成了一種文化研究。我們最近這兩年都在忙著找一個現當代文學的老師，因爲原來的老師退休了，所以常常請一些有名望的學者到來我們學校來演講。有一次請一位老師來演講，整整一個鐘頭，他就講留聲機傳到中國的歷史。他應徵的是現當代中國文學，可是他演講卻是講留聲機怎麼傳到中國，所以結束之後有一個學生就問：「這和現代文學有什麼關係？」。這是一個例子，很可以說明研究現當代中國文學的一個趨勢。

　　現在時間還可以，那麼我就講一些我對這種新趨勢的看法。我非常贊成、支持多領域，和王院長所講的跨學科研究，把學術領域的圍牆打開，這個我完全同意。不過有的時候，**讓我覺得是不是過猶未及。也許是因爲我剛到美國去唸研究**院的時候，英美所謂的新批評還是非常盛行的時候，我的一個老師—艾倫泰特（Allen Tate）就是新派的一個健將，在他的薰陶底下，我也就認爲，研究文學應特別加強針對文本本身的研究。這是新派的一種學風，我們不必考慮作者、作者的背景、歷史環境，研究的主要目標就是文學本身。雖然我

也覺得像新批評這樣的方法太窄了一點，完全不考慮文化背景、歷史背景、作者的背景，這樣是有點偏頗，所以我們也應該注意其他的方面，擴大我們的視野。可是呢，這些新批評的大師們，他們為什麼要提出從文學來看文學這樣的理論和主張？無非在這個之前他們覺得文學不被認為是一個學術研究領域，它常常是附屬於歷史、附屬於哲學。研究哲學、研究歷史的人，有時候要看一下文學作品，但是他們的目的不是文學的本身，所以新派才有這樣子的看法，因此就想把文學建立成一個學科、一個學術領域（discipline），而這個就非常有影響。

現在我感覺，目前有不少研究現當代文學的同行們，他們似乎努力要把這個 discipline 打掉，又把文學恢復成其他學科的一部分，這就是我說的過猶未及的現象。我覺得若是能夠折衷一下，總是好的。當然其他學科、領域我們應該知道，而且多溝通、多瞭解、多交流，這樣我們的視野才能夠擴大，但是最後我們還是應該想到，文學作為一個 discipline，是不是應該也要有它自己的特性、特點，這樣子的話可能就會比較平穩一點。

那現在我想再講一個在美國研究中國文學的趨勢，這個趨勢我覺得是很好，但有的時候就怕又走得太過頭，就像我剛剛說的太強調文化研究一樣。這個趨勢就是用西方的理論來重新看中國的文學，當時開始做這方面的工作而且做得很有成績的，是我們學校已故的同事─劉若愚教授，大家大概都聽說過，還有現在健在的，哥倫比亞大學的夏志清教授，一個是研究詩，一個是研究小說和現代文學，一西一東，相

互輝映。兩個人在美國研究中國文學曾經產生過很大的影響。由於他們的啓發，於是就產生一種學風，就是用西方的理論來看中國文學，當時很時髦、很流行。但這個趨勢似乎也是越走越遠離文學，現在年輕的同行們談西方的理論，要比劉若愚、夏志清教授深刻得多、廣泛得多，這個我們不能夠否認，但我也覺得他們似乎走得太遠，尤其是研究現當代文學的同行們，有的時候他們似乎就是爲理論而理論，只是用作品做爲簡單的例子來說明他們的理論，而不是用理論來怎樣更幫助我們深入瞭解作品本身。

　　我想時間應該差不多了，我就說到這裡。下午還有討論的時間，如果大家有什麼問題和意見，歡迎那時提出來，我們可以進一步討論。謝謝。（本文乃依據王靖宇教授的演講整理，並經王教授修改定稿）

不斷改名定位、整合重組、越界轉型、國際/本土化的中文系

王潤華

元智大學中語系主任

一、不能用一個名詞稱呼全球的「中文系」

當我打開電腦開始寫這篇論文時，我發現想不出一個適合的名稱可以稱呼全球的「中文系」。此學系在不同的大學，採用不同的名稱。香港大學用 Department of Chinese，香港城市大學為中文、翻譯、語言學系，新加坡國立大學與馬來亞大學叫 Department of Chinese Studies，南洋理工大學用中華語言文化中心。美國哈佛大學命名為 Department of East Asian Languages and Civilizations，加州大學（UC Santa Barbara）稱為 Department of East Asian Languages and Cultural Studies，英國倫敦大學最近幾年改了幾次，從 Department of the Far East， Department of East Asia 到最近的 Department of the Languages and Cultures of China and Inner Asia。名稱的不同，說明世界各大學的「中文系」的多

樣性。美國大學把中文系不斷改名，也表示他們因應社會及學術的需要而不斷重新定位與轉型。

　　「中文系」的多樣性，使我聯想起王賡武教授曾指出世界各地的華人的多樣性論，他們再也不只是華僑，我們再也找不到一個純粹的名詞來稱呼世界各地的海外華人，因爲今天已沒有單一的海外華僑或中國人。這些中國境外的華人，由於所住的國家不同，身份認同的不同，用英文或中文稱呼，常用的有 Chinese overseas，Overseas Chinese，ethnic Chinese （華族），huaqiao（華僑），huayi（華裔），huaren（華人），haiwai huaren（海外華人），Chinese Diaspora 等等都可以使用，各有其理由，各有其需要。[1]

　　不能用一個名詞稱呼全球的華人或中文系，正彰顯其複雜性與多樣性。

二、歐美的中文系不斷改名：從政治 服務、東方主義學術到文化研究

　　我保存了幾十年的大學教授通信地址與名片簿，幾乎構成一本中文系發展史，尤其在美國與歐洲。例如我在 1967 年至今不斷與美國加州大學（UC Santa Barbara）中文系的老師保持聯絡，如白先勇、杜國清、艾朗諾（Ronald　Egan），

---

1 見 Wang Guanwu, "A Single Chinese Diaspora?", *Joining the Modern World: Inside and Outside China*（ Singapore: Singapore University Press and World Scientific,2000），pp37-70; 中文版見王賡武〈單一的華人散居者〉《海外華人研究的大視野與新方向》，劉宏、黃堅立編（新加坡：八方文化，2002），頁 5-31；另參考 Tu Wei-ming（ed），*The Living Tree: The Changing Meaning of Being Chinese Today*（ Stanford: Stanford University Press,1994） 相關文章。

我的太太也在那裏教了幾年。因此瞭解他們中文系名稱的流變，自 1967 年以來，就有四次之多，分別為：

1. 寄養在德國與斯拉夫研究系 Department of Germanic and Slavic Studies 門下
2. Department of Eastern Languages and Literature
3. Department of Oriental Languages and Literatures
4. Department of Asian Languages and Cultural Studies

這個以中文、日文、韓文研究與教學為主的系不斷改名，就如其他歐美的中文系，清楚說明：因為因應實際國家人才的需要、學術思潮的改變，它才不斷定位、整合、重組、越界、轉型、國際化與本土化。[2]

在 1960 年代以前，教授中文與研究中國問題的工作放在德國與斯拉夫研究系，乃是根源於美國為了對抗當時的共產主義政治，而不得不瞭解共產集團，特別是東歐與共產中國與北韓。因此培養懂得中文，瞭解共產中國的“敵情”、文化與歷史，其目的有政治動機在內。當時西方殖民國家的東方主義思想還很強烈[3]，1970 年代前後，美國的中文日文韓文系，都因此命名為東方（Eastern，Oriental）語言與文學系。其實東方不是正確的地理位置，而是西方人從西方的見的位置。學系的名稱說明當時對中國的研究，基本上都有東方主義的色彩。所以 1970 年代以前的中國學通稱漢學研究

---

2 http://www.eastasian.ucsb.edu/content/undergrad_main.html
3 Edward Said, *Orientalism*（New York: Pantheon, 1978）；中譯本，《東方主義》（臺北：立緒文化，1999）。

（Sinology）。[4]

　　由於北韓、中國大陸的共產政權與美國對抗，日本與韓國的經濟崛起，美國人對亞洲的東面、中日兩國及南北韓，特別需要懂得其語言及文化的人才，到了 1980 年代，才漸放棄帶有殖民色彩的 Oriental 與 Eastern 名詞，　而改用東亞（East Asian）語言文學系。東方一詞顯示從西方的觀點看東亞，那是東方主義的觀點，改稱東亞，正象徵把中日韓放回原位來研究。美國區域研究中的亞洲研究因此把在中國研究學術推向另一新方向、新發展，明顯的強調要從傳統的漢學轉型到現代中國研究。以挑戰與回應爲視野、以全新的思維和格局，使得原有的漢學產生結構性的變化，讓中國研究成爲與現實有相關性的學科。新的中國研究由多個不同專業組成，如哈佛大學的東亞語文與文明系（Department of East Asian Languages and Civilizations），至少由三個專業組成：歷史、文學、思想宗教，背後還有語言。[5]

　　1996 年當我回去 UCSB 的東亞語言文學系擔任訪問學者，發現它的名稱又改了，變成東亞語文與文化研究系（Department of East Asian Languages and Cultural Studies）。進入八十年代的美國，文化研究的思潮兇猛的衝擊著中國研究，純文學研究早已被文化研究所取代，因此該系把文學改稱文化，原屬歷史及其他系的教授也因此整合進來。

---

4 關於西方學者有關中國的東方主義書寫，見 Gillian Hui Lynn Goh, Influences of Orientalism and the Orient Within Imagism, Ph D. thesis, 2001, University of Western Australia。

5 參考杜維明〈漢學、中國學與儒學〉《十年機緣待儒學》（香港：Oxford University Press,1999），頁 1-30。

三、英國的漢學：發展與加強區域的、跨學科的多元研究

　　我訪問過英國倫敦大學亞非學院的中文系好幾次，幾乎每隔幾年到訪，中文系的名稱都不一樣。1990 年以訪問學人的身份訪問，當時葡立德（David Pollard）剛卸下系主任，去了香港中文大學，裴達禮（Hugh Baker）接任主任，當時稱爲遠東系（Department of the Far East），2000 年裴達禮的名片顯示該系變成東亞系（Department of East Asian），我去年（2002 年）受 Michel Hockx 之邀去參加研討會，又發現該系又改名爲 Department of the Languages and Cultures of China and Inner Asia。

　　英國是世界上最大的殖民帝國。她擁有最多，也是佔領最長久的殖民地，地域廣闊，從非洲、中東到亞洲。創辦於 1916 年的倫敦大學的亞非學院，其研究區域包含亞洲、非洲與中東，象徵其對殖民地的文化全面侵略的偉大詳密策略。如果當年沒有亞非學院，就不會有大英博物館豐富的亞非文物藝術品，更不能影響其殖民地的文化藝術的發展至到今天，雖然這些土地老早就獨立了。由於要帶領學術新潮，符合全球化與本土化，中文研究教學也不斷與其他單位進行知識重塑與整合。中國的政治、經濟、學術的崛起，亞非學院把中國研究獨立化，如學華語的，到語言中心（Language Centre）；中國學術研究與教學則集中在中國體語文與文化系。甚至爲了特別加強西藏研究，稱該系爲 China and Inner

Asia，內亞（Inner Asia），主要是西藏語言與文化。[6]

　　倫敦大學由於與歐洲政治整合歐盟，加上知識整合，亞非學院在 1992 成立了中國研究中心（Centre of Chinese Studies），發展與加強英國與歐洲大陸的跨學科的多元研究、教學及其他有關中國的活動，同時也密切與《中國季刊》、政府機構、基金會共同合作進行各種計劃。這個多元學科中心的成員由亞非學院的 30 多位不同學科的學術人員組成。可見不斷定位、整合、重組、越界、轉型、區域化是倫敦大學亞非學院中文系的思考的策略。[7]

四、新馬的東南亞/世界華人文化研究

　　我在 1973 年秋天回返新加坡，加入南洋大學的中國語言文學系。當時的教師主要來自臺灣師大，我所學的西方漢學（Sinology），屬於區域研究（regional studies）、中國研究（Chinese studies）、比較文學（comparative literature），不合乎傳統的中文系的治學方法與研究領域，似乎難以接受。當時南大為了區域本土化，另外成立華語研究中心，專門教導以華語為第二語文或外文的，同時研究世界化語文與大陸、臺灣的中文的異同。

　　今天南洋理工大學的中文系及中華語言文化中心[8]，對傳承中華傳統文化、瞭解區域與當地目前社會文化，負有重大的使命："Our mission is to inherit the traditions，to understand

---

6 http://www.soas.ac.uk/departments/departmentinfo.cfm?navid=3
7 http://www.soas.ac.uk/languagecentre/chinese/Chinesedip.html
8 http://www.ntu.edu.sg/cclc/research/postgradindex.htm

the contemporary world, and to encompass the local and the region"[9]。我在 1980 年加入新加坡國立大學[10]，它與馬來西亞的馬來亞大學一樣，中文系繼承英國的漢學傳統，稱爲 Department of Chinese Studies，整合了語言文學、歷史文化、思想宗教，強調跨學科的教學與研究。近幾十年，他們與南洋理工大學及其他東南亞的大學的「中文系」一樣，建構的東南亞／世界華人語言文學、文化歷史的教學與研究的新領域，由於中文辭彙與句子結構的區域化，本土化，東南亞華人將中文通稱爲華文[11]。

五、臺灣中文系本土化/臺灣語言文學系

我在 1983 年到國立清華大學擔任客座教授，當時的系取名中國語文系，我擔任中國現代文學課程、現代散文、比較文學等課。在還未戒嚴的年代，也敢教授魯迅，丁玲、聞一多、艾青等五四時代的作家。而系上的梅廣、錢新祖、陳萬益、呂正惠、蔡英俊等教授，以新思維、新視野、甚至換個角度，以臺灣爲主題的思考，開拓了一個全新的臺灣本土化的中文系。1995 改名爲中國文學系，將文學與語言分開。這是臺灣大學敢於改變中文系的傳統結構的開始。中國現代文學進入臺灣中文系，帶動了創作，因此 1990 年代後，大量作家出現在中文系。

但是臺灣的中文系的結構巨大改變，要等到 1987 年解嚴

9　http://www.hss.ntu.edu.sg/divisions/chinese/english/index.asp
10　http://www.fas.nus.edu.sg/chs
11　參考陳重瑜著〈“華語”—華人的共同語〉，收錄在《華語研究論文集》，（新加坡：新加坡國立大學華語研究中心，1993 年），頁 1-7。

以後，尤其 1990 年學術本土化以後。其中最大的變化便是臺
灣文學、語言、文化在中文系的生長生態的改變。目前從中
文系衍生出來的臺灣語言與文學系或研究所已非常多，臺灣
語言、文學的研究在九〇年代發展成爲一門獨立的學科，如：

1. 私立真理大學台灣文學系，1997 年 2 月 5 日成立；真理大
   學台灣語言學系，2002 年 8 月 7 日網址：
   http://www.au.edu.tw/ox_view/edu/taiwan/index1.htm

2. 國立清華大學台灣文學研究所（網站上未註明何時成立），
   http://www.hss.nthu.edu.tw/~tl/newweb/taiwan.htm

3. 國立成功大學台灣文學系所，2000 年 8 月先成立研究所（碩
   士班），2002 年 9 月博士班及大學部成立：
   http://www.twl.ncku.edu.tw/

4. 國立臺北師範學院台灣文學研究所，2002 年 8 月成立，
   http://s22.ntptc.edu.tw/

5. 私立靜宜大學台灣文學系，2003 年 8 月成立，
   http://www.pu.edu.tw/~taiwan/

6. 國立台灣師範大學台灣文化及語言文學研究所，2003 年 8
   月成立，http://www.ntnu.edu.tw/TCLL/newstaiwan.htm

7. 國立政治大學台灣史研究所，預計 2004 年成立，
   http://www.la.nccu.edu.tw/TwnseHistStudies.htm

8. 中山醫學大學台灣文學系，2003 年 8 月成立，
   http://www.csmu.edu.tw/taiwan/public_html/page/max.htm

9. 新竹師範學院台灣語言研究所，1997 年成立碩士班，2003
   年成立博士班 http://www.nhctc.edu.tw/~gitll/

10. 台南師範學院台灣文學研究所，原爲鄉土文學研究所，2003

年改名爲台灣文學研究所，

http://web.ntntc.edu.tw/gac750/index.htm

11.花蓮師範學院鄉土文化研究所，1998 年成立，

http://www.nhltc.edu.tw/~native/

12.國立中興大學台灣文學研究所，（未註明何時成立）

http://www.nchu.edu.tw/~taiwan/

13.國立高雄師範大學台灣語言及教學研究所，2002 年 8 月成

立，http://www.nknu.edu.tw/~tni/

　　值得注意的是，這些系所的成立狀態，是研究所多過於大學部，過於蓬勃的發展也激盪出多元的狀況。：[12]

　　創設於 2000 年的國立成功大學臺灣文學研究所，與 2002 年度增設的臺灣文學系大學部暨博士班，是台灣文學的研究方面的國內先驅；而國立臺灣文學館亦在台南設立也正透顯：在這個臺灣古都的台南、自荷蘭時代以迄明鄭的政經文化中心的傳統，都更說明其教學與研習環境的文化與歷史的重要性。

　　以此系爲例，臺灣文學的研究發展成爲一門獨立的學科，其教學與研究範疇包括：民間文學（包括原住民與漢人兩部份）、明清、日治時期的古典文學、日治時期的新文學、及戰後各階段的文學。成大中文系的碩士班暨博士班的教學目標爲：

　　1.全面搜集臺灣文學的相關文獻

---

12 臺灣《文訊月刊》2001 年 10 月那期曾出專刊探討過臺灣中文系的發展，可全文下載，見以下網址（國家圖書館遠距圖書服務系統）
　http://readopac.ncl.edu.tw/html/frame2.htm

2.臺灣文學全方位的研究

3.加強文學理論與研究方法之訓練

4.重視區域文學的比較研究。

學士班教學目標爲：

1.建立臺灣文學傳統，傳承臺灣文學香火

2.搶救臺灣文學史料，開展臺灣文學研究

3.培養臺灣文學師資，落實臺灣文教育

4.培育母語教學師資人才

5.培養文化行政人才，拓展學生就業領域

6.改善臺灣文學生態，提昇臺灣文學水準

7.人文與科技結合，知識與應用並重。[13]

六、在創意無限的數碼時代：思考中語系 與資訊科技結合的新典範

　　我在 2002 年底加入臺灣元智大學中語系。臺灣大學的資訊學院最早出現在元智大學，這所自稱爲亞洲新興大學的新典範的大學，積極提倡 E Learning，E life，E 校園，而且以 4I 爲典範，努力推向國際化（Internationalization），資訊化（Information），整合化（Integration），創新化（Innovation）的願景。中文系所在的五館，建築設計就像一台電腦。座落在電腦形狀大樓裡的中語系，正象徵中語系已進入資訊社會裏。我們有必要開始思考中語系與資訊科技的結合與轉型。[14]

---

13 http://www.twl.ncku.edu.tw/

14 我曾思考過這個轉型的問題，見王潤華〈E 化中國語言文學系/所構想書 ── 兼論科學方法/資訊科技與漢學研究〉《越界跨國文學解讀》（臺

　　經濟早已轉型，從投資經濟變成知識創新經濟，從機器生產與勞動力的社會逐漸轉型爲知識社會。在新知識經濟裏，整合知識、創新思考是主要資源。這種多元知識科技專才，在未來數十年的社會裏，會成爲社會，甚至政治的主導力量。

　　生產重要知識機構的中文系，一直停留在傳統的典範裏，使得中文系訓練的人才，工作能力不能因應社會的需求，缺少市場價值．研究方法老舊，做不出創新的學術研究。要走出目前困境，我希望能讓資訊科技與中國語言文學、歷史、文化、宗教、思想結合起來，跨學科的、多學科的整合也許能產生新的綜效（synergies），新的工作能力，創新的知識。

　　文化人類學者把電子媒介應用之前的文明劃分爲口語文明和文字文明兩大時期。現在我們已進入電子媒介文明時代。中華語言與文化的學者，都應該是資訊業者。聯合國重新定義新世代文盲標準：第一是不識字的人；第二是不識別現代科技符號的人；第三是不能使用電腦等進行學習、交流和管理的人。[15]今天不懂得使用與利用電腦資訊者和以往不識字的人有什麼兩樣呢？所以稱爲新的文盲。

　　資訊科技在各學術領域已帶來很多的變遷：電腦對學術界的影響，早期的焦點是數據的運算和符號的處理，其作用之範疇對學術界而言仍是局部的、工具性的。到了 1970 年代，電腦在各學科中的影響日益顯著。此時，電腦不僅明顯地成爲不可或缺的工具，更明顯的改變了做研究和詮釋方

北：萬卷樓，2004），頁 117-135。

15 聯合國文教組織 2000 年的文告。

法。1980 年後,各學科在電腦中累積之資料日益深厚:資料
庫、知識庫之建構日益宏大,對知識與資料的檢索和呈現更
日益成熟。1990 年後網際網路的聯繫與溝通、匯集和相輔相
成,對學術界而言,產生了極重要變革。資訊科技引發了學
科內容變化與學科形式上的變化,如林淇瀁的《書寫與拼圖》
與須文蔚的《臺灣數位文學論》研究臺灣現代文學的傳播與
網路文學,從數位文學批評、數位詩歌創作跨媒體小說、網
路副刊、網路文學社群、數位科技文學教學,充份彰顯目前
資訊科技所帶來的影響[16]。從臺灣文學的所受到的衝擊,也
可看得出這股資訊科技浪潮也一樣撲打著、改變著漢學所有
研究領域的研究內容與形式。[17]

　　謝清俊曾說:

　　資訊科技之於一般的學術研究發展的影響來觀察,我們
認為:對漢學研究來說,資訊科技將協助我們建立一個虛擬
的數位漢學研究世界,它將與傳統的漢學研究環境相輔相
成。到那時,也許學者可以充份利用這兩個環境不同的特質,
自由地選擇,往返在這兩個環境下做研究。目前,我們已經
朝著這條路上邁開大步了,諸如已開始建立了:數位圖書館、
數位博物館、數位典藏、虛擬的網上研究群、虛擬的辦公室

---

16 林淇瀁的《書寫與拼圖》(臺北:麥田,2001),須文蔚《臺灣數位文
　　學論》(臺北:雙魚,2003)。
17 謝清俊在〈對資訊科技之於學術研究的幾點看法〉,引自網頁
　　http://www.sinica.edu.tw/~cdp/paper/pcatalog.htm。參考元智大學中語
　　系、清大人社院、資工所在 2003 年 12 月 9-11 日合辦的第一屆《文學
　　與資訊科技國際會議》(有製作光碟)發表的論文。還有關於這方面
　　的論文可參考羅鳳珠主編《語言,文學與資訊》(新竹:國立清華大
　　學出版社,2004)。

和實驗室、遠距教學、……凡此種種不都是在為打造一個虛擬的數位研究與教學的環境，與既有的環境相對應嗎？當然，以目前已有的成就而言，這個虛擬的數位漢學研究世界仍然是相當遙遠的；但是，至少我們在這個夢裡已可看到：應該逐漸建立起關於這個數位漢學研究世界的系統觀，諸如：與相關學科的聯繫與介面；除了資料的數位化之外，漢學研究工具和程式知識（procedure knowledge）的數位化亦極其重要；除了文字的數位元元化之外，器物的數位化也不可或缺……[18]。

另一方面，中國語言文化加上資訊科技的訓練，中文系的人才將可走出傳統狹窄的教書與文字處理市場。資訊科技人才，現在市場上已很多，但是既有語言文化專門知識，又有資訊科技的訓練的人才，市場上很有限。這種文化科技人才，將是管理資訊社會的精英。傳統的中文系，一旦與資訊科技結合轉型，成為因應資訊社會的中文系所，我們在學術、教學、轉播、經濟、工作市場上，才會有所突破。[19]

七、沒有圍牆/資訊化的學系：國際化、本土化、多元化的教學與研究

進入網路社會以後，全球大學，為了因應轉型為資訊社會，創新驅動型的全球化經濟，大力拆除大學的圍墻，許多

---

18 同上。
19 王潤華〈E 化中國語言文學系/所構想書 —— 前論科學方法/資訊科技與漢學研究〉《越界跨國文學解讀》（臺北：萬卷樓，2004），pp。117-135。

大學，如新加坡國立大學就宣佈人才不設圍牆、概念不設圍牆、思維不設圍牆、知識不設圍牆。中國的北京大學與南京大學，在近幾年也把圍牆拆除。知識一旦不設圍牆，知識的發現，知識的轉移，知識的應用，不但能善用資源，集思廣益，知識也成為實用性很強的企業文化了。目前多數大學對內也不設圍牆，院與院之間，系與系之間的學科圍牆都已拆除，在整合的時代，每個人都需要較廣泛的知識。大學、教授都要與世界各大學互相合作與交流，學生也要到別的國內外其他大學選修課，與圍牆外的同學交流，吸收外國經驗，這是知識全球化必要的經驗。[20]

　　我的國際學術經驗告訴我，美國大學中文系的漢學傳統的田野調查與考證，具有精深挖掘冷僻小問題的研究的精神；隨著區域研究發展起來的中國研究，也與現實相關具有實用性；再加上不同學科與知識整合的跨越學科的研究及西方文學理論與批評的豐富資源，如過去新批評、比較文學、詮釋學，到目前文化研究對中國文學的支援等，都相對突顯此方面的思考與分析方法與理論資源的訓練，是亞洲大學中文系所缺少與貧乏的，也是需要再努力的。[21]像香港、新加坡、馬來西亞的 Department of Chinese Studies 整合語言、文學、歷史、哲學與翻譯，老師與學生通常中英語文都精通，

20 這是新加坡國立大學校長施春風在 2002 年 5 月 2 日的講演，講稿存於國大的 President Circulars 見網站 http：//online.nus.edu.sg。
21 以現代文學論述為例，見王潤華〈現代文學研究的新方向〉《漢學研究之回顧與前瞻》（北京：中華書局，1995），頁 343-356；王德威，〈想象中國的方法〉,〈現代中國小說研究在西方〉見《小說中國》（臺北：麥田，1993），頁 345-407。

這是大陸、臺灣所缺少的。香港、新加坡、馬來西亞的中文系的東南亞與世界華人文化的教學與研究新領域，又是大陸、臺灣，甚至歐美所缺少的[22]。而臺灣新興的大學如元智大學中語系學生將資訊科技與中華語言文化的結合，這又是新方法新領域的突破，應是以後全球各類型中華語言文化研究與教學必要擴大的方向。[23]

目前全球的這門學系，國文系（臺灣師大）、臺灣文學系（臺灣成大）中國語言文學系（北大及其他大學）、中華語言與文化（南洋理工大學）、東亞語文與文化研究系（Department of Asian Languages and Cultural Studies，UC Santa Barbara）東亞語文與文明系（Department of East Asian Languages and Civilizations， Harvard University）中國語言與文化系（Department of the Languages and Cultures of China and Inner Asia），香港城市大學的中文、翻譯、語言學系，新加坡國立大學與馬來亞大學的 Department of Chinese Studies，就如其名稱，各有各的特點。

我們應善用資訊科技沒有空間距離的優勢，拆除大學間學系之圍牆，互相交流。在知識整合的時代，每個人都需要較廣泛的知識與視野、多元的思考與方法。資訊科技已經啟開了這史無前例的社會全面急速變遷，再加上全球化的知識經濟，不但改變了我們的社會的面貌、人類生活的方式，也改變了人類的思想概念、道德、價值觀、定義、法律與制度。

---

22 關於新馬的漢學研究，《新馬漢學研究》（新加坡：新加坡國立大學中文系，2001）。
23 我曾思考過這問題，見〈E 化中國語言文學系/所構想書—前論科學方法/資訊科技與漢學研究〉，同前注 12。

這種種改變促使英文所說 shifting paradigm， 也就是思維的
新典範的產生。迅速改變這個世界的就是這個 paradigm
shift。[24]

　　因此，經由以上的論述相信已能說明，處在這樣的危機
重重、變幻莫測的世代，需要的是不斷改名定位、整合重組、
越界轉型、國際/本土化的系，這種挑戰與創新創造的機會，
正在考驗與驗證所有中文系所的能力。

---

[24] 關於資訊社會及其帶來的影響，見 Manuel Castells, *The Rise of Network Society*（Blackwell Publishers, 2000），中譯本見 夏鑄九，王志巨集譯，《網路社會之崛起》（臺北：唐山出版社，2000）。

香港大學中文系的發展與新方向

單周堯教授

香港大學中文系主任

　　很感謝王潤華教授邀請，來到元智大學參加這個盛會。剛才聽到王潤華教授談中文系命名的問題，我們香港大學中文系大概兩年前也討論過要不要把 Department of Chinese 改為 Department of Chinese Studies，最後決定不改。因為我們覺得香港是中國人的地方，跟外國不一樣，我們不但要了解與中國有關的研究，更重要的，是希望本系的老師和學生，都能夠寫準確、優美的中文，因此，我們就維持叫做 Department of Chinese。

　　現在讓我談談港大中文系的傳統與發展方向。香港大學中文系，成立於一九二七年，近十年有長足的發展。自從香港回歸中國，中文日益重要。不單大學，整個香港都重視中文訓練。

　　自上一世紀九十年代中期以後，中文系主要分三部分：（一）中文系本部、（二）中文增補課程、（三）中國語文學部。

　　中文系本部是創系以來一直存在的，負責教中國語言、

文學、歷史、哲學、翻譯。香港大學中文系跟中國大陸和台灣一般大學的中文系不大相同，我們兼教歷史、哲學、翻譯。教學範圍跟香港大學中文系比較接近的，有新加坡國立大學中國文學系。我們把這一部分 —— 即負責教本科生文史哲及指導研究生的部分，稱爲系本部，表明它是中文系原來的核心部分。系本部負責教導的本科生約七百人，研究生六十餘人。目前系本部每年經費約爲二千一百多萬港元。

港大中文系文史哲不分家，跟中國傳統做學問的方法比較接近。比方說顧炎武，便兼治文學、史學、哲學。這種文史哲不分家的傳統，一直維持下來 —— 近代王國維、章太炎，當代的饒宗頤教授，盡皆如此。在座的王靖宇教授和王潤華教授，都是我們的校外考試委員，李焯然教授和李元謹教授，則曾經在香港大學中文系唸書，都知道港大文史哲不分家這一特點。

至於港大中文系的第二個特點，就是相對於台灣和中國大陸的中文系，我們的老師和學生，英文一般比較好，閱讀英文材料，沒有太大的問題，而且港大圖書館的英文參考書也比較充足，所以我們看的外國材料比較多。

談過了港大中文系的特點，讓我介紹一下我們的課程。如果把目前的課程跟上一世紀六十年代的課程加以比較，就會發現在六十年代的課程中，經學所佔的成份比較多。當我在一九六八年唸大學一年級時，唸的是「尚書」、「禮記」，另外還有「中國經學史」。中文系一年級共開三科，其中三分之二跟經學有關。現在就很不同，一年級沒有經學，課程主要跟語文和文學有關。語文課程有「漢語通論」和「廣州

話普通話語音對比」；文學課程有「中國古典文學導讀」、「中國現代文學導讀」、「中國文學發展概說」、「詩詞、對聯的欣賞與創作」、「中國婦女文學」、「創意與創作 I」、「創意與創作 II」。至於二、三年級，與經學有關的課程只有「詩經」和「左傳」，即使這兩科，所講的也不限於經學；其他科目則包括「歷代散文」、「專家散文」、「歷代詩」、「專家詩」、「歷代詞」、「專家詞」、「中國古典小說」、「元明戲曲」、「現代文學 I（文藝思潮、新詩和散文）」、「現代文學 II（小說）」、「當代文學 I（文藝思潮、新詩和散文）」、「當代文學 II（小說）」、「當代文學 III（臺灣文學）」、「古代文學評論」、「文字學」、「音韻學」、「現代漢語 I」、「現代漢語 II」、「中文傳意」。

中國歷史方面，一年級開七門課，包括「中國歷史專題」、「中國史學概論」、「二十世紀中國史」、「二十世紀中國文化」、「中國歷史概略」、「中國思想概論」、「傳統中國文化」。二、三年級開的歷史科目很多，其中一大特點，是斷代史相當全面，有「秦漢史」、「魏晉南北朝史」、「隋唐史」、「宋元史」、「明史」、「清史」等。此外，還有「中國歷史研究的材料、工具與方法」、「傳統中國的史纂與史學」、「史學名著：《史記》」、「中國學術思想史」、「中國近世儒學的發展」、「明清之際士人心態」、「中國哲學 I（儒家思想）」、「中國哲學 II（道家思想）」、「中國哲學 III（佛教思想）」、「佛陀和菩薩信仰」、「中國道教及民間宗教史」、「基督教與中國文化」、「中國文化史」、「中國科技史」、「中國官學與私學史」、「中國考試史」、

「中國政制史」、「中國法制史」等課程。

　　港大中文系最初只有少量翻譯課程供學生選修。翻譯變爲主修課程，是上一世紀六十年代末期的事。近年來，實用的翻譯課程越來越受重視。一年級的翻譯課程，計有「翻譯入門」及「語文研究 I」兩科，均爲主修翻譯同學之必修科。至於二、三年級，主修翻譯者必須修讀「譯文評析 I（英譯中）」、「譯文評析 II（中譯英）」、「語文研究 II」、「翻譯實習 I（英譯中）」、「翻譯實習 II（中譯英）」、「翻譯理論」（以上爲二年級課程）、「譯文評析 III（英譯中）」、「譯文評析 IV（中譯英）」、「比較修辭學」、「長篇翻譯」（以上爲三年級課程）；副修及選修翻譯者則可讀「語義翻譯學」、「香港翻譯實務」、「口譯入門」、「口譯工作坊 I」、「口譯工作坊 II」、「新聞翻譯」、「廣告翻譯」、「文化與翻譯」、「行政及商務文件翻譯」、「電影翻譯工作坊」、「藝評文章的翻譯」等科目。

　　由此可見，隨着時間的轉移，中文系本部的課程變得越來越豐富。

　　九十年代之後，大學撥款委員會爲了加強大學生的語文訓練，提供了一些資源，中文系於是成立了一個中文增補課程，負責提高香港大學各學院學生的中文程度。目前，除了醫學院的學生以外，香港大學其他九個學院的學生，都一定要讀三學分中文增補課程。現在中文系是香港大學學生最多的系，我們號稱有七千學生。這個中文增補課程的特點是以學院爲本，我們替每一學院特別設計一套課程，以提升其學生之中文程度，俾能應付工作上之需要，課程內容主要分三

方面：（一）簡化字 ── 其實學生唸中學的時候，已經懂得一些簡化字，但由於沒有經過正規訓練，有些時候寫得不正確，我們比較有系統地教他們，學生大多認為這方面的訓練對他們有用。（二）語法 ── 現在一般學生寫中文問題相當大，主要原因是讀書不多，從前我們讀書的時候，空暇時間多，也沒有其他消遣，一有空就看書，特別是小說，看很多。現在的學生時間主要花在電視、電腦、遊戲機上，再沒有時間看書，中文自然寫不好。教他們一些語法，希望對他們有些幫助。其實，中國人學中文，最好是全面浸淫，才會學得全面而徹底。學一些語法，作用有限，但總比完全沒有訓練好。（三）實用文 ── 我們為每一學院特別設計一套課程。法律學院的學生學一些跟法律有關的文體；工程學院的學生，就學一些跟工程有關的。讀這些學院為本課程的，大概有三千四百個學生。此外，我們也為每個學院設計一個以學院為本的普通話課程，這些學院為本的普通話課程不是必修的，它們跟一般普通話課程的分別，就是每一個學院的學生，都會教他們一些相關的辭彙。這些學院為本的普通話課程，大概有六百個學生。整個中文增補課程大概有四千學生。目前中文增補課程有十三位全職語言導師，還有一些兼任的，共教四千學生，一年的經費是一千七十餘萬港元。

　　港大中文系的第三部分叫中國語文學部。這一部分來自語言中心，語言中心負責教多種語文，教英文的叫英國語文學部，教日文的叫日本語文學部，教中文的也就叫中國語文學部。這個名稱，一直沿用至今。

　　香港大學的語言中心，成立於一九六七年。一九六七年

以前，中文系內設有語言學校，負責教外國人中文。語言學校開設普通話和廣州話課程，兩類課程的學生都同時學習書面中文。港英時期，香港好幾個港督，都在香港大學學中文。此外，港英政府的政治顧問，以及許多國家的大使館人員，也都來香港大學學中文。大概一九六七年左右，香港大學成立語言中心，把所有教語言的單位都搬到語言中心去，教普通話和廣州話的部分，也搬到語言中心。但到了九○年代，香港大學又把語言中心分拆，把中文部分拿到中文系來。目前，中文系屬下的中國語文學部，主要負責教五種課程：（一）對外漢語教學 ── 負責教外國人唸中文。正如上文所說，我們設有普通話和廣州話兩類課程。這些課程由於推行小班教學，收的學費相當貴，一年收六萬五千多港幣。這些課程通常都有盈餘。（二）教全校學生普通話，設有初級班和高級班。上一世紀九十年代以前，普通話在香港不大受重視，香港大學爲學生開設的普通話班不多，大學與學生，都視之爲興趣小組。到了九十年代，情況便完全不同，特別是九五年之後，要學普通話的同學大量增加。因此，我們突然要多開許多班，以滿足學生的需求。過去一年，中國語文學部開的普通話初級班有一千七百個學生左右，高級班約有六百學生。目前普通話不是必修科，最近我們進行了一個香港大學語言教學的檢討，將來普通話可能會改成必修。（三）專爲國際交換生設立的中文學分課程，這些課程也分爲普通話、廣州話兩大類。（四）專爲教職員設立的普通話、廣州話課程 ── 香港大學的教職員，很多聘自外地，他們有些需要學普通話，有些則需要學廣州話。（五）專爲來自大陸的學生

設立的廣州話課程 —— 大陸學生在香港生活，需要用廣州話，不懂廣州話，生活很不方便。因此，需要教他們廣州話。

中國語文學部老師不多，教普通話和廣州話的全職老師，一共只有四位。此外，有大約十三位兼任老師，兼任老師的工資是以時薪計算的，教一小時給一小時的錢，這對大學來說，相當省錢。中國語文學部一年的經費才四百五十多萬港元。

最後，讓我作一總結：在過去十多年，港大中文系有長足的發展，經過一系列的課程改革，課程越來越豐富，並且越來越符合學生的興趣和需要，學生人數不斷增加，目前是文學院最多本科生和研究生的一個系。此外，隨着香港與中國大陸各方面的關係日趨密切，交流日趨頻繁，中文和普通話越來越受重視，港大其他學院的學生都要加強學習中文和普通話，中文系於是成爲港大最多學生的一個系。

談台灣中文系的新變

李瑞騰

台灣中央大學中文系教授

一、前言

　　主席、各位老師、各位同學：非常謝謝王潤華教授，在這麼一個最佳的時候，讓我有機會談這個問題。這有點像是要向中文系告別的一個演說，我中文系主任的任期到七月底就結束了、代理院長的任期也到了，本來我打算揮一揮手、不帶走一片雲彩，沒想到我還有機會把我多少年來在中文系裡面的體會跟感受，提供給各位做參考。

二、調節古今的過程

　　台灣的中文系，各位都知道，從一九四九年以後就承擔了整個繼承以及發揚傳統中華文化的重責大任，在中華民國做為一個正統。它一開始走的道路，因為國家政策的需要，所以被視為是一個維護傳統文化的重要單位。後來配合整個中華文化復興運動，對抗大陸的文化大革命。重任既在中文系身上，所以中文系到底做了些什麼事？其實很簡單，那就

是維護傳統的國學，它可以說是以國學爲主的一個系，不大講究新變。因此在歷史發展進程中，很快就受到挑戰。

　　我在一九七〇年代的初期上大學，讀的是一個在台灣「吊車尾」的大學－「中國文化學院」（還不是一個大學）。我一進大學，就碰到了台灣中文系有始以來一場大論戰，重點是大學的文學教育，這一場論戰在中華日報副刊連打了一年多，出了一本論戰文集，現在已經沒有人提這一場論戰了，我曾經讓一個研究生寫了一篇很長的論文。在這一場論戰當中，我在系上聽到我的老師大罵新文藝、現代文學，我跑到了文藝組（我們有一個「現代文藝創作組」），文藝組的老師在台上批評文學組的老師拘泥傳統的教條。我從高中時代就喜歡寫作，這時不知道該怎麼辦？後來我自己走會進了圖書館，一邊浸在圖書館裡面，一邊跟很多朋友從事文學寫作，並互相討論，所以我沒有變成一個今之古人，也沒有變成一個不斷趨新、往前跑的前衛人士，希望能在自己身上調節古今。這是七〇年代的處境，台灣還需要討論大學中文系裡面要不要教現代文學？能不能培養出作家來？

　　一九八七年，我拿到學位。我的好朋友龔鵬程教授擔任淡江大學中文系主任，要籌備中文研究所，找我去專任教書。我首先開了一門課，叫做「應用中文」，因爲我長年從事媒體編輯工作，自己又喜歡寫作。各位知道，最近幾年，台灣中文系的教育有一個很大的動向，就是往應用面發展。我在一九八七年就開始建構應用中文的系統性，我希望擴大中文系的應用觀，提出中文的應用不是只有傳統的應用文，寫寫簽呈、書信等。

此外，我在淡江大學開了全台灣第一個「台灣文學」課程，這是前所未有的，民生報文化版當時曾以頭題來談這件事情，那是一九八八年的事。

三、我的挫折經驗

一九九一年，我到了中央大學，原只不過想當一個單純的教師而已，教我的課，其他的事情最好都不要管，但是在這個過程當中，因緣際會讓我去做了幾件事情，跟中文系的改革有點關係，但是最後都談不上成功，有的還算是失敗了，我現在要把我的經驗作一些清理，希望有參考的價值。

我現在講話的聲音很大，但以前我曾在寂寞的角落裡發不出聲音。當年，顏崑陽教授曾經為中文系擬了一個「增班分組計劃」，要把中文系分兩個組，一個組叫做「學術組」，一個組叫做「應用組」。我接著把課程詳詳細細作了規劃，系務會議都通過了，當家的人卻連動一下都沒有，就把它束諸高閣了。從此以後，中央大學的中文系就不談應用了，我第一次面臨了很大的挫折。

第二件事情，台灣有一個國立大學要成立，主辦的人找到我，要我規劃中文系，我設計了一個我認為盡善盡美的學系。這個大學現在已經成立了三、五年了，但中文系還沒有成立，我從來沒有去問到底為什麼？根據我的判斷，可能是沒有人可以實踐。我手上還留有當時的計劃書，包括我剛剛講的中文系增班分組的計劃書，我自己也還留著。很感謝王院長，這一次讓我把它們都找出來了。

第三，我接了中文系主任以後，想做兩件事情：一個是

成立碩士在職專班，給很多桃園地區中學、小學的老師，可以回流受教育，重新充電，回過頭提昇他在原學校裡面的教學。我辛苦說服所有的老師，才得以成立。另一個我始終沒有辦法推動，那是我想在中文系成立一個「編輯專業學程」，專業學程在大學校園裡面是跨系所的，可以整合人力，但是受限很多現實條件，我沒有辦法去推動，一直到我都要卸任了，它還沒有個影子，只能開出一些課，譬如編輯學、報導文學、出版學、語文與傳播、媒介與社會等。我希望學生在學校就能夠及早接觸現實社會，一出校園，不至於跟社會脫節太大。但我們今天的問題是，中文系訓練出一批學生，出來以後，對社會非常陌生。

　　我其實不是一個絕對的實用主義者，在這個地方，我特別想跟各位談談我自己對「應用」的看法。元智大學文學院也有一個叫做「應用語文」的在職班，應用的概念是可以重新建構的，不是你學了以後，去當秘書才叫應用；不是你學了以後，去教書才是應用。我們修了教育學程去中學教書，如果本質沒有充實是沒有用的，所以本體還是最重要的，知識的吸收才是最重要的。但是，我們要給學生機會，我有一個想法，就是我們中文系的學生四年下來，如果他願意學習，你給他機會，譬如說，教他兒童文學，教他如何教兒童寫作文，那麼他出去外面可以開兒童作文班，可以教兒童作好文章；又譬如華語教學（這種訓練目前很多學校都已經在做了），我們只培養中學的師資，不去培養可以教中學師資以外的那些老師，但是社會是很動態性的、多元性的，機會太多，只要你有能力，機會就來了，最近全球都在中文熱，但

是我們沒有給學生可以去參與這個行列的機會。

四、新的挑戰

今天，更大的問題擺在我們面前了。要談台灣中文系的新變，首先我們必須看看台灣的大學教育。台灣的大學教育今天發展到什麼地步？整個大學的體系，其實已經公司化、產業化了。剛剛我們聽單教授告訴我們說，學校希望他多賺一點錢。從大學主政者的立場，教授要賺錢的，這你能怎麼樣呢？經常性教育經費逐漸下降，卻要不斷的提升競爭力，沒有錢你怎麼辦？那就只好辦各種班了；但是辦了班以後，誰去教呢？當然還是你的老師去教呀，但老師在原來的教學與研究負擔以外，晚上還要來上課，星期六、日再來上課，替學校去賺錢，那這種大學教育要幹什麼？今天我們面臨這樣的問題，實在是非常的無奈。在學校裡面，我在簡單的提要裡面寫了幾個字：「論資排輩」，「資」就是資本、資金，這個問題我們可以不必多談，最近市面上出了一本書，各位有興趣可以去看，是每個人的經驗，書名叫做「搶救大學」，我們詹校長在裡面有一篇很長的文章，談市場機制，也就是用市場機制去實現你的學術地位學術價值，但其實我們都沒有走對路。

這是外部的問題，包括整個時代的潮流，還有社會的需求。時代的潮流有兩個很重要，第一個就是國際化，第二個就是本土化。台灣目前的本土化，是個特殊的本土化，剛剛王院長特別從網路裡面把有關台灣各種新設的學術研究單位列出來，這對台灣目前來說，是一個新的發展方向，但是對

中文系來說，我們常常在大學裡面開開玩笑說，以後台灣文學系會成正統，中文系可能會放到外語學院去，聽起來令人心驚膽跳！有沒有那個可能性？不知道。但是面對這個問題，我們的難題出現了，像現在，很多人不願充分談論，就讓它均衡、多元去發展；很多學校成立台灣文學系、台灣語言文化相關的科系，中文系照樣保持它原來的型態，這是目前的情況，以後的發展大家都有必要多關注。

關於國際化的問題，現在在大學裡面普遍都有這樣的要求。我所在的大學，校長在美國待了四○幾年，大部分的主管都留美，每次看到聘任資料，留美的特別多，在許多高階會議裡，聽這個講馬里蘭如何，那個講哈佛、柏克萊如何等等，有時候一段話裡頭有一半是英文，但這是否就是國際化了？我其實也很懷疑。在這種情況下，中文系，我們以前是站在中心地位，現在則被逼到邊緣地帶，我們這一代人，大部分的外文能力不行，希望新一代會有所改變。這是一種實際狀況，等於社會有這樣的需求，我們一定要去面對，設法彌補我們本身的不足，當然也不是完全迎合潮流，我覺得這個地方應該有個調節的過程，就好像大家講應用的時候，什麼叫應用？必須先搞清楚，發展出一套屬於中文的、多元的一種應用觀，這一定要建立起來。而在本土浪潮的衝擊底下，中央大學的中文系到現在目前為止還堅持五經（詩經、尚書、禮記、易經、左傳）都開，如果我們中文系都不開這些課，還有那裡會開這種課？那這些東西有沒有妨礙本土化，我不覺得它對本土化有什麼妨礙，而且很多外來的東西也應該本土化，本土化也應該是一個多元的、彈性的、開放的概念。

當社會有這樣實際需求的時候，我們就要有對應的能力，這種對應能力，就是把應用的整個架構體系建立起來，中文系過去長期沒有這種自覺，不發展這些。國際化的需求也一樣，王院長剛剛特別談到資訊化，我們當然都了解，新科技、新媒介對於任何的社會、行業，都產生很大的衝撞，你如果不去適應它，你就會被時代給淘汰，這是顯而易見的。

那國際化到底是怎樣的一個概念？我常常在想，我們找一個校長，有國際經驗；我們找一個院長，有國際經驗；我們找一個系主任，有國際經驗。然後建立了某一些平台，然後有學術的交流，這個就叫做國際化？現在的所謂國際化，我不知道實質上都做些什麼，但我認為，應該建立在知識可以對話的基礎上，沒有這個基礎，叫什麼國際化？所以我覺得，國際化應該重新做最清楚的、最有效的，最符合我們今天台灣的現實的一種整體性詮釋，而不只是一個片面的、簡單的概念。

五、盤整階段

最後我想提出一個中文系內部應有的自覺跟反省，我覺得目前台灣的中文系正處在盤整的階段。由於政府的政策和整個社會潮流的演變，導致很多公立大學的教授，在正值盛年的時候，就退休了，紛紛尋找教育的第二春，領兩份薪水，這到底對台灣會產生怎樣的影響？而私立大學或者一些國立的科技大學、技術學院，他們的一些教師們，許多人一來了就準備要走。我們可以這麼說，整個高階的學術教育人才，處在浮動不安的狀態。這種浮動不安，導致教育無法穩定、

沒有辦法真正的升級，我曾經審過一個外校的聘任案，一位年輕的副教授，在他拿到學位的五年之內，換了三間學校。我們了解，我們這些上一代的人，已經教了很久了，也常常覺得可以退休了。最近這一個階段的人事結構大變動，將會產生什麼樣的影響？中央大學的中文系，在最近幾年裡面，離開的正教授很多，現在剩下六個，其中有人也有退隱之心了。但現在進來都如何呢？都是助理教授，二○年以後，同樣一批人在同樣一個短時間裡面，也可能會退休的。教授在一個系裡應該是一個知識社群，整個系的學術能量、教育的成就，能不能達成設系的目標，團隊非常重要，但那裡面常常是四分五裂的。問題現在攤在那裡，我們當然看不到二○年以後，有一些人會說，管它的，反正跟我無關，但只要想到這裡，都會焦慮不安。

但也就在近幾年，我們看到一些私立的大學，出現了值得注意的情況，像王院長這樣學有專精的著名學者，他從新加坡來到台灣的元智大學主持一個新興的中文系，要實踐他的理想。他為什麼會有這樣的構想，要舉辦一場全球中文系的高峰會議，這必然和他的擘畫經營有關，我們為他的雄心壯志，鼓掌一下吧！謝謝。（以上根據李瑞騰教授的演講整理並經李教授修改定稿）

中國文學 / 系在臺灣
── 以臺大中文系為例

梅家玲教授

台灣大學中文系教授

一、前言

　　此次研討會的主題關注於全球中文系發展的新方向，臺大中文系以長久的歷史發展、完整的師資在全球中文系中佔有一席特殊的地位，學術研究與教學活動並重。本文以「中國文學 / 系在臺灣」爲題，重點有二，其一是以「中國文學」爲中心，討論臺大中文系在中國文學研究方面的學術成果，其二，則以中國文學「系」突顯臺大中文系在教學方面的績效。

　　以下，將分四部分，說明臺大中文系的創立與沿革、研究方向、教學特色，以及如何經由「大一國文」的教學，開展出大學人文教育新面向，並藉此反思中文系的定位問題。

二、從帝大、北大，到臺大 ── 臺大中文系的創立與沿革

（一）從帝大到臺大

　　一九二八年，日本政府在臺灣成立「臺北帝國大學」，最初僅僅設立文政、理農兩學部。一九二九年，文政學部「文學科」增設「東洋文學講座」，以講授中國文學為主要內容，「中國文學」從此正式納入臺灣大學院校教學課程，故此講座可視為中文系之前身。東洋文學講座由日本著名漢學家久保得二先生為首任教授、神田喜一郎先生為助教授，而後，另有原田季清先生曾出任本講座講師及助教授，持續直到臺灣光復之前，為中日學術交流史寫下新頁。

　　東洋文學講座之必修課程中，與中國文學相關者，初期有「東洋文學概論」、「東洋文學史」、「東洋文學講讀及演習」等，民國二十年以後有「東洋文學普通講義」、「東洋文學特殊講義」、「東洋文學講讀及演習」等。然此類課程猶未及全部必修課程學分之半數，可見就研讀中國文學之領域而言，本講座之課程尚未臻於完備，此時期主修「東洋文學」之學生亦少，臺籍畢業生前後僅田大熊、吳守禮、黃得時三人而已。

　　一九四五年，臺灣光復，國民政府接收臺北帝國大學，改名為「國立臺灣大學」。臺灣大學將原有各「學部」改稱「學院」，文政學部則分為文學及法學兩學院，「科」改稱「系」。文學院初設中文、歷史、哲學三系，中文系至此正式成立，

臺大中文系成爲臺灣最早成立的、以研究並講授「中國文學」
爲宗旨的學系。

（二）從北大到臺大

　　臺灣光復初期，百廢待興，臺大中文系乃由北大中文系
教授魏建功先生代行創系規劃，邀聘教員、總理系、籌辦各
項學系發展事宜，聘任教員吳敦禮、黃得時，延續部分帝大
學風。

　　一九四七年底至一九四八年中由許壽裳、喬大壯二先生
相繼擔任系主任，裴溥言、廖蔚卿、金祥恆諸先生先後受聘
爲助教，臺大中文系乃得接續大陸中國文學系之學術傳統，
並於此時期設立中國文學研究所碩士班，許、喬二先生旋相
繼去世。一九四九年，臺靜農先生出任系主任，主持系務長
達二十年，對臺大中文系之穩定與發展貢獻甚鉅。一九四八
年以後，多位出身於北京大學的學者如：毛子水、董作賓、
戴君仁、李孝定、洪炎秋先生等陸續至臺大中文系任教，因
此臺大中文系頗能延續當年北京大學中文系之學風。此外，
鄭騫先生畢業於燕京大學，屈萬里、董同龢、王叔岷先生等
來自中研院史語所，亦爲臺大中文系添注多樣之學術活水源
頭，諸位先生學有專精、望重士林，爲臺大中文系草創時期
奠定良好基礎。在此基礎上，臺大中文系日後乃得在穩定中
持續發展。

　　傅斯年先生於一九四九年出任國立臺灣大學校長一職，
爲臺大奠定了良好基礎，使臺大成了中外知名的高等學府。
傅斯年先生曾爲五四運動時期，著名的學生領袖，並於抗戰

時期代理北京大學校長職責。接任臺大校長之後，秉持北大
自由開放的學風、關懷社會人文的精神辦理校務，提倡敦品、
勵學、愛國、愛人的精神，並釐訂嚴格的考試制度，堅持公
平的入學原則，以自由的思想、規律的行動，爲臺灣的大學
教育樹立典範。臺大中文系在此優良學風帶領下，持續穩定
發展，又因爲系上多位教師與北京大學關係密切，中文系緣
此得以接續大陸中國文學系之學術傳統，在臺延續開展。

（三）開枝散葉

　　臺大中文系注重教學品質，多年來作育英才無數，畢業
學生以其在中文系所受教育爲基礎，向各界發展，分布於各
行各業，屢有傑出表現，卓然有成者固不可勝數，多位系友
及教師，並曾多次參與他校中文系或研究機構之創設，爲中
文系在台灣的發展開枝散葉。如戴君仁先生籌劃東海大學中
文系之創辦及輔仁大學中文系在臺復系、龍宇純先生籌劃中
山大學中文系之創辦、梅廣先生籌劃清華大學中語系之創
辦、周鳳五先生籌劃中正大學中文系及暨南大學中文系之創
辦、鄭清茂先生籌劃東華大學中文系之創辦、吳宏一先生籌
劃中央研究院文哲研究所籌備處之創辦等，對中文學界影響
匪淺、貢獻良多。

三、「中國文學」系：台大中文系的學術研究

　　在研究目標方面，臺大中文系雖然並非專門之研究機
構，但爲維持良好教學品質、充實自身之學養，臺大中文系
教師大多於教學之外，致力於從事學術研究工作。研究的首

要目標著重能與教學相互配合，達到「研以致用」的成效，並且，臺大中文系對教師授課科目之安排，亦多能配合其學術專長及研究成果，達到良好之教學效果。　師資聘任亦有完整的考核制度，以本（九二）學年度計，專任教師共五十三名，其中，獲博士學位者五十一名。

　　此外，臺大中文系教師從事研究，多具有學術傳承之理想，故對部分較為冷僻之領域，仍有教師盡力為之，以求傳承不絕，成為臺大中文系教師研究之重要目標。從創系以來，臺大中文系在師資及課程方面都能朝著多元與均衡的方向發展。在經史、思想、文獻學方面，毛子水先生對《論語》、《左傳》之研究，戴君仁先生對經學史、宋明理學等之研究，屈萬里先生對於《周易》、《尚書》、《詩經》、版本學、目錄學、文獻考訂等之研究，孔德成先生對《三禮》、金石器物學之研究；王叔岷先生對《史記》、《莊子》之校勘研究等，皆有卓越之成果。在文學方面，臺靜農先生對於文學史、《楚辭》、書畫藝術之研究，鄭騫先生對詩、詞、曲之研究，馮承基先生對六朝文學、小說之研究，張敬先生對宋詞、戲曲之研究，廖蔚卿先生對六朝文論之研究，裴溥言先生對《詩經》之研究等，皆有極豐富之成究。在語言文字方面，董作賓、李孝定、金祥恆先生等對於甲骨、金文、《說文》之研究，董同龢先生對於聲韻學、語言學之研究等，皆卓然有成。各領域之教師將個人研究所得，開課講授，造就各方面之人材，並傳承學術經驗，使學術傳統綿延不絕。

　　臺大中文系畢業生日後留系任教者，也多能接續創系時期典範，在各領域中持續有所開展。例如：在經史、思想、

文獻學方面，何佑森先生對於清代學術之研究，張亨先生對
於宋明理學之研究，張以仁先生對於《左傳》、《國語》、
訓詁學之研究，程元敏先生對於《尚書》、經學史之研究，
金嘉錫先生對《莊子》之研究，周富美先生對《墨子》、《韓
非子》之研究，潘美月先生對於版本、目錄學之研究等，皆
頗具成果。在文學方面，如葉慶炳先生對中國文學史、魏晉
小說之研究，羅聯添先生對唐代文學之研究，楊承祖先生對
唐宋文、傳記文學之研究，林文月先生對六朝文學之研究，
彭毅先生對《楚辭》、神話之研究，齊益壽先生對六朝文論
之研究，張健先生對文學批評、現代詩之研究，吳宏一先生
對古典小說、宋詞之研究，曾永義先生對戲曲、俗文學之研
究，黃啓方先生對宋代文學之研究等，亦皆斐然有成。在語
言文字方面，如龍宇純、杜其容先生對於文字學、聲韻學之
研究，丁邦新先生對漢語方言學之研究，梅廣先生對漢語語
法之研究，許進雄先生對於古文字、古代社會之研究等，亦
皆有卓越之成果。諸先生上承光復初期自大陸來臺諸老先生
之學風，從事研究、授課工作，下啓目前中年一輩學者之方
向，於臺大中文系之發展具有承先啓後之貢獻，而臺大中文
系均衡發展之特色亦得以維持。[1]

　　臺大中文系在學術研究上的還有一項特色是：古典重於
現代，晚清到現當代的文學相對被忽略，故而，在九〇年代
以前，從未有關於現代文學研究的學位論文，近年來現代文
學研究亦逐漸受到重視。另外，比較文學的研究與教學，則

---

1 關於台大中文系的沿革及學術研究特色，請參見《國立台灣大學中國
　文學系系史稿》（台北：台大中文系，2002），頁 1-8。

是從未被納入中文系的領域當中。

四、中國文學「系」：大學部、研究所、大一國文的教學工作

（一）大學部、研究所教學目標 ——

　　臺大中文系雖名爲「中國文學系」，而「文學」一詞所指涉的意涵是廣義的文學，並非僅指詩、詞、小說等純文學。所以，臺大中文系的教學目標著眼於發揚中國文化，傳授經學、小學、諸子、文學、文獻學等專門知識，以培養學生對於中國語言、文學、學術思想、文獻資料深厚之認知與研究能力，並期勉學生以堅實之學術訓練與文化素養，作爲日後從事學術研究、語文教學、藝文創作及各項文化工作之基礎。

　　基於以上種種教學目標，臺大中文系開設之課程採多元化設計，基礎課程與進階課程並重，重視古典訓練之外，近年來亦不忽略現代，各領域皆開設課程多門，以求均衡。

（二）全校性大一國文教學目標 ——

　　臺大中文系除了在中文系與研究所內部的教學活動力求品質卓越之外，也擔負起全校性大一國文課程教學的重責大任。

　　大一國文作爲全校性的共同必修科目，教學活動以增強學生之語文能力，充實人文素養爲主要目標。期望透過代表性作品之選讀，使學對中國人文傳統有深一層認識。透過師生之口頭研討分析與學生之寫作訓練，一方面增長學生之思

考及語文表達能力，一方面促使學生對一己生命有所自覺，建立成熟之人生觀。因此大一國文課程不僅僅在於增強學生之語言能力，也含有充實人文素養、陶冶品德的教育功能。

由於這項教學工作，是台大人文教育中極為重要的一環，以下將就此進行較詳盡的說明，並藉此反思中文系的定位。

五、中文系與大學人文教育 —— 從臺大 「大一國文」教學的沿革發展談起

（一）大一國文立科的教學的意義與特色

大一國文的課程設立，除了加強提升學生的語文能力之外，更重的是做唯一種超越專業、普及人文化成的一種教學理念實踐，而此理想其來有自，受到來自北大與西南聯大的傳統甚大。

北京大學與西南聯合大學甚早即有類似今日大一國文的普及教學課程，沈從文、楊振聲等知名文學創作家等均曾經擔任大一國文的教學工作。此外，國文教學有一重要理念，是大學人文教育重要據點，大學教育目的不只是專業知識的傳授，還有許多人文化成等教養的啟發，顯然地，由中文系所擔當的大一國文教學，便是其中最重要的課程之一。

（二）臺大「大一國文」沿革發展的三階段[2]

　　臺大的大一國文教學主要經歷了三次重大的轉變，每一次改變的動因都是緣自於社會環境改變，促使臺大中文系在大一國文的課程規劃上，順勢轉型以因應時代需求。以下便就三個不同的階段進行說明：

　　第一個階段是由一九四九到一九七三年。這段時期，大一國文的授課方式專書講授的方式進行：上學期《史記》，下學期《孟子》（後改為《左傳》，並以《德育書簡》為指定課外讀物，列入考試範圍，著重詞語訓詁、申發義理、命題作文，並以文化教育、思想教育作為教學理念，每學期並由全校統一命題，考核學生的學習狀況。

　　第二個階段是由一九七三年到一九八七年。其中，一九七三年到一九七五年之間，是由中文系自行編選歷代散文及詩詞曲等名作各若干篇，作為教本，以「歷代詩文選」方式授課，指定《經典常談》與《中國文學史》為指定課外讀物。而一九七五到一九八七年之間，則是上學期以《史記選》、下學期《散文選》分別作為講授的主題，並統一指定講授篇目，選錄曾國藩、王國維、梁啓超、蔡元培、胡適、傅斯年等人的文章，作為指定教材，列為考試範圍，教學的方式仍然是申發義理、命題作文，在教學理念上則轉變為高中國文課程之延伸，目的在使學生對傳統文學有進一步之認識，並加強學生閱讀及寫作之能力，考試方式仍然以全校統一命題為主。

---

2 簡明內容，煩請參閱表一「臺大『大一國文』沿革發展的三階段」。

　　第三個階段是從一九八七年一路演變迄今。其中，自一九八七年到一九九〇年之間，都是指定部分講授篇目；其餘由各教師自行決定。而自一九九〇年之後直到今日，大一國文的課程教學則完全任由各教師自行規畫教材；並實施分院選班制，由各教師就一己專長決定欲開授之課程名稱，再由該學院學生據個人興趣自由選修所欲修之課程，各取所需，大幅提高學習興趣與教學成效。教材教法也朝向多元化發展，重討論，鼓勵創意，與高中國文課程區隔，著重使學生對中國人文傳統有深一層認識；促使學生對一己生命有所自覺，建立成熟之人生觀。並取消統一命題的評量方法，採多樣化考評形式，旨在激發學生人文關懷，發展自我。課堂上採師生口頭研討分析方式，並訓練寫作文來曾強學生思考及語文方面的能力，使學生除課堂上學習外，亦具有自行探索與研討知識的精神，針對求知內容、能力及精神等，由裡到外做全方位的發展。[3]

（三）現階段教學特色與績效

　　目前，我們大一國文的教學，以兼顧教師專長與學生興趣為最重要的特色，內容兼融並蓄，舉凡古典與現代、中國與臺灣、文本闡釋與社會關懷，均可經由有心設計，融滙至教學實踐之中，對日後無論學業的深入研究或事業領域的拓展上都有相當大的助益。例如：詩歌方面，教師可以從《詩

---

3 關於台大大一國文教學沿革，請參見梅家玲，〈理想大學國文教學的追尋：由臺大歷年教材教法的演變談起〉，《第一屆國語文教材教法研討會論文集》，（台北：師範大學，199206）頁 345-364

經》、《楚辭》一路下來講到五四的現代詩、台灣的現代詩、甚至台語詩都有可能。小說戲曲也是如此，特別是在戲曲方面，相關課程除教授了京劇、崑曲等傳統戲曲外，教師還可以設計田野調查方面的作業，把具有台灣本土特色的歌仔戲、掌中戲、或霹靂戲等，都融會在課程之中，達到融古典現代、中國台灣、文本闡釋與社會關懷於一爐的教學目的。

　　此類教學設計，顯然相當能夠引發學生的學習興趣。九〇年代初期，台大的學生會試辦共同科目的教學評鑒，國文科普遍受到肯定。自一九九七年開始，校方正式辦理全校性教學評鑒，國文領域平均值始終遙遙領先其它共科目，成爲最受臺大學生歡迎的共同必修科目。也因此，原本臺大校方曾經一度想要縮減國文科的教學時數，甚至於取消共同必修科目，但卻因爲中文系在大一國文的教學績效十分卓越，顯著受到學生歡迎，致使校方不再提議取消國文課程，國文教學受到學生喜愛的程度，也由此可見。

（四）從國文教學反思中文系定位

　　儘管如此，解嚴之後因「本土化」、「去中國化」而帶來的許多改變，在臺灣各界都造成極大影響。負責「中國」文學之教學與研究的「中文系」，不免要受到一定的衝擊—— 幾年前，台大文學院裡便曾流傳過這樣一個笑話：台大要是成立「外語學院」，中文系就是其中的第一大系！

　　誠然，當前臺灣和中國之間的政治問題，對於現階段「中國文學」的教學與研究多少有所影響。此外，長久以來，中文系學生每每還要考慮畢業後的出路問題。在此環境情勢之

下，台灣的「中國文學」系將何去何從？個人以爲，語文訓
練之無可取代，與文化陶染之豐厚廣博，一向是中文系最大
的資產。以文學與文化進行人文化成的教育，其重要性更是
無可取代。特別是，由前述台大大一國文教學沿革的歷程，
以及它所獲得的績效看來，在順應時代潮流、走向實際、應
用的同時，一些屬於人文教育的基本堅持，仍然能在有心的
課程設計與作業安排中，被落實與接受。中文系所的訓練，
固然可在保持其既有專業性的同時，加入應用性的課程訓
練，以及屬於台灣的學術視野；作爲重要人文教育之一環的
大學國文課程，更可以其因時制宜的、多元並進的課程設計，
爲台灣的大學人文教育，開拓出寬廣的揮灑空間。正是如此，
中文系的存在，當有其與時俱進的時代意義。

附表一

臺大「大一國文」沿革發展的三階段：

	教材性質	教學方式	教學理念	考試方式
1949~1973	專書講授： 上學期《史記》，下學期《孟子》（後改爲《左傳》） 以《德育書簡》爲指定課外讀物，列入考試範圍	申發義理 著重詞語 訓詁 命題作文	文化教育 思想教育	全校統一命題
1973~1987	（一）1973~1975 中文系自行編選歷代散文及詩詞曲等名作各若干篇，作爲教本，以「歷代詩文選」方式授課； 指定《經典常談》與《中國文學史》爲指定課外讀物 （二） 1975~1987 上學期《史記選》；下學期《散文選》 指定統一講授篇目 選錄曾國藩、王國維、梁啓超、蔡元培、胡適、傅斯年等人的文章，作爲指定教材，列爲考試範圍	申發義理 著重詞語 訓詁 命題作文	爲高中國文課程之延伸，目的在使學生對傳統文學有進一步之認識，並加強學生閱讀及寫作之能力	全校統一命題
1987~	（一）　1987~1990 指定部分講授篇目；其餘由各教師自行決定 （二）1990迄今 完全任由各教師自行規畫教材；並實施分院選班制，由各教師就一己專長決定欲開授之課程名稱，再由該學院學生據個人興趣自由選修所欲修之之課程	教材教法 朝向多元化發展，重討論，鼓勵創意	與高中國文課程區隔，著重使學生對中國人文傳統有深一層認識；促使學生對一己生命有所自覺，建立成熟之人生觀	取消統一命題，採多樣化考評形式，旨在激發學生人文關懷，發展自我

談韓國中文系的發展脈絡與現況以及新趨勢
── 兼談韓國外大中文系

朴宰雨教授

韓國外語大學中文系教授

一、前　言

　　韓國大學的現代中文教育，在日據時期中開始。日帝在漢城 1924 年創立京城帝國大學豫科，1926 年創立本科，本科裏就開設支那文學系，這雖然在韓國內設立，但是主要培養日本的中文人才，所以畢業的韓國人只不過是 10 個人左右而已，其裏面後來繼續研究中文的寥寥無幾。從日帝解放後，1948 年國立漢城大學裏設立中國語中國文學系就是中文系，而韓國戰爭結束後 1954 年韓國外國語大學裏設立中國語系，1955 年成均館大學裏創設中國語中國文學系，就是中文系，形成鼎立形勢。經過後來的幾次增設階段，到了 2003 年第一學期（3-6 月），韓國大學裏設有的與中國有關的學系已經超過了 140 個以上。又從韓國大學中文系在職韓國教師

的數目看，教授、副教授、助教授、專任講師，共有 531 名
以上，其他鐘點（兼職）講師以及研究員（和中國有關的或
者和人文學以及外國文學有關的研究機關裏的中文研究人
員），估計超過 1 千人以上。

　　韓國大學中文系和中國、臺灣、香港、以及海外華人居
住地的中文系，其性格當然有所不同，對中國而言，算是國
文系，但對韓國而言，就是研究與教育外國語與外國文學的
機構。

　　韓國大學中文系經過幾個階段，當然有歷史背景。從現
在的局勢看，顯露興旺發展景象，但是裏面有不少新舊問題，
最近也呈現新的趨勢。本報告就簡單回顧韓國大學中文系發
展脈絡，檢討中文系的基本類型與近年的多元分化情況，並
從各種層次上考察韓國大學中文系在職韓國人教師現況以及
本科課程開設情況，進而探討新趨勢。然後以本人二十餘年
在職的韓國外大中文系（中國語系）為例，介紹教育結構與
培養人才上的特點。最後談韓國大學中文系研究上的特點與
韓國外大研究上的特點，尤其是韓國外大中國文學專業教授
研究上的特點以及新趨勢。

二、韓國大學中文系的發展脈絡

（一）五個階段

　　韓國從上古以來，不斷和中國大陸的文化交流過程當
中，發展了韓國上古文化。尤其從古朝鮮時期接收漢字文化
以來，可以說韓國古代主流統治文化一直在漢字文化的影響

之下成長發展。教育漢文與漢學的機關，歷代王朝都有，高
麗時代有太學，統一新羅時代有國學，高麗時代有國子監，
朝鮮時代有成均館，其中成均館以高等教育機關最出名，後
來成均館大學把自己大學看成朝鮮時代成均館的後身，說六
百年以上的傳統。

　　不過，到了近代，韓國受到日本帝國主義入侵，喪失國
權，漢學的教育機關也漸漸衰落，漢學的人脈也跟著幾乎被
斷絕。韓國大學的現代高級中文教育，在日據時期應日本統
治階級的必要開始。從 1926 年京城帝國大學設立支那文學系
算起，已經有近八十餘年的歷史。但這是主要爲了培養日本
人中文人才而設立的，所以眞正的韓國大學現代中文教育的
歷史，應從 1945 年 8 月解放後開始。如此看來，韓國的中文
系的發展脈絡，如果以日據時期算是史前期，可分五個時期
如下：

1.史前期（1926-1945）：

　　這個時期大學裏的中文系，只有京城帝國大學支那文學
系，培養的韓國人才當中後來也研究中文或者從事教育中文
的有崔昌圭（1929 年畢業）、金台俊（1931 年畢業）、車相轅
（1936 年畢業）、裵澔（1938 年畢業）、李明善（1940 年畢
業）、樸魯胎（1943 年畢業）等幾位，這些人就對解放後大
學中文系的建設，起了承先繼後的作用。

2.草創期（1945-1972）：

　　1945 年 8 月 15 日日帝投降，韓國解放了。之後，京城
帝國大學改成爲京城大學，支那文學系就改成爲中文系，1948
年在這樣的基礎上，創立了國立漢城大學，裏面當然設有中

文系。到了韓戰結束後的 1954 年，韓國外國語大學創立，裏面設有中國語系，又到了 1955 年，成均館大學裏又設立了中文系，如此進入了三個大學中文系鼎立局面， 這樣的情勢連續到 1972 年初。這三個大學培養了不少的中文人才，他們本科畢業後或者赴臺深造，或者在國內讀碩博士學位，後來進入新生大學中文系當教員。這個時期的三個大學中文系可以說是打下以後諸多中文系發展的基礎。

3.初步擴散期（1972-1980）

1972 年 3 月，高麗大學與淑明女子大學，檀國大學裏設立了中文系。兩年後的 1974 年 3 月，又在延世大學與全南大學裏設立了中文系。繼之，慶北大學等地方的主要大學裏陸續開設中文系，這可以說是初步擴散期。這個時期，培養了越來越多的中文專業人才。

4.擴散成長期（1981-1992）

到了 1980 年代，梨花女子大學校等還沒有設立中文系的主要大學以及地方大學裏陸續開設中文系、中國語系、中國學系等。八十年代全國有點兒歷史與名氣的大學裏開設和中國有關的學系的風氣蔚爲大盛。這個時期可以說是擴散成長期。這個時期，在全國範圍裏培養了一大批中文專業人才，以準備韓中建交後的國家與社會的需要。

5.急速發展期（1992-現在）

1992 年 8 月 24 日韓中建交以後，開設中文系與和中國有關學系的情況，可以說已經成爲大衆化，無論是還沒有開設中文系的西江大學等京鄉各地的四年制大學，就是京鄉各地二年制專科學校裏，也開設觀光中國語系等和中國有關的

學系，這樣的風氣，眞的達到了頂點。最近還有虛擬大學裏開設和中國有關的學系的風氣，2003 年已經有三個。 在這樣的基礎上，研究與敎育的質量方面，提高了不少，所以可以說是急速發展期。

　　但是韓國大學的環境 2000 年左右露呈新的變化，供給（大學定員）超過需要（願意升學的學生數目），中文系算還好，但是受到影響。不少地方大學裏發生未達定員的情況，從地方大學，編入到首都圈大學的情況也蔓延。

　　採取學部制的國立漢城大學與梨花女子大學等主要大學裏，到了近年，選擇中文的學生已超過選擇英文的學生數，這是驚人的變化。 無論如何，到了 2003 年，四年制正規大學裏的中文系等和中國有關的學系就有 112 個，二年制專科大學裏的和中國有關的學系就有 28 個，虛擬大學裏還有 3 個。可以說是天大的成長。

（二）兩種類型

　　這麼多的韓國大學中文系，雖然名稱多樣，規模也不同，開設課程也看似千差萬別，但追溯其源頭，可分兩類：第一是中文系型，以國立漢城大學中文系爲典範；第二是中國語系型，以韓國外國語大學中國語系爲原型。

1.國立漢城大學型 —— 中文系型

　　國立漢城大學中文系，其設立目的主要在培養中文學術人才，就是培養傳統漢學人才。其注重點不在現代漢語語言訓練，而在培養文言解讀能力與中國古典語文學研究能力。開設的課程裏，初級漢語與初中級會話等課，並不多，而專

門研究中國古典語文的課相當多。這和國立漢城大學的學風
有關。所以畢業漢城大學中文系的人才，除了進入企業或者
公共機關作工作的之外，如果繼續讀書，大都從事中國古典
語文學，少一部分研究中國近現代文學與現代漢語，研究中
國政治經濟等方面的甚少。

ႱႱ韓國外大型 —— 中國語系（包括中國地域學）

　　韓國外國語大學中國語系，其設立目的主要在培養能通
於現代漢語的人才。所以雖然不忽視古典語文學研究，但是
其注重點在現代漢語會話與作文等訓練。所以韓國外國語大
學中文系畢業生，在運用漢語語言能力方面，得到的社會評
價最高。而且，它重視實用性，課程裏也開設中國事情等政
治經濟以及文化等課。所以韓國外國語大學中文系畢業生，
進出方面很多樣，除了進入企業與公共機關等之外，如果繼
續深造，當然有研究中國古典語文學方面的，但也有中國政
治經濟文化等方面的也很多。

（三）多元分化

　　成均館大學中文系基本上指向國立漢城大學中文系模
型，所以重視漢學，就是中國古典語文學研究，少一部分研
究中國現代文學，沒有研究中國地域學的。1970 年代設立的
高麗大學，淑明女子大學，檀國大學，延世大學，全南大學
等都接受了國立漢城大學中文系模型。後來成立的許多大學
裏，國立漢城大學中文系與成均館大學中文系畢業生進入擔
任教員，他門採取的都是這一模型的，所以這一模型成爲一
種主流。上面所說的 140 個中文系，尤其是四年制中文系 112

個裏面，58 個就基本上是這一模型。但是後來成立的許多大學，考慮現實需要，企業的培養實用性人才的要求，就基本上接受韓國外國語大學中國語系型，加上適當的變化，因此誕生了中國語系、中國語中國學系、中國學系、中國文化學系、中國-經濟學部中國專業、觀光中國語系等許多變化的學系，或者把這些變形學系稱爲非中文系型，但是達到 54 個，可以說是中文系類型上多元分化了。至於二年制專科大學學系，大部分是觀光中國語系等實用性學系，也達到 28 個，是另外的非中文系型了。考慮這些情況，多元分化的跡象更爲複雜了。

三、韓國大學中文系在職教師現況與新趨勢

2003 年第 1 學期，中國有關學系 140 個，裏面的中文系在職專任講師、助教授、副教授、教授，總共有 531 名以上。按照《中國語文學研究教育者的現況與需要樣相的變化》（李康載），大概的情況就如下：

（一）專業上的分佈情況

140 餘所大學中文系專任教員 531 人裏面，研究中國語言學或者研究中國語教育學等的共有 138 人，佔有百分之 26。其中，研究中國語教育學或者翻譯學的有 10 人，佔有百分之 1‧9。而研究中國文學的共有 346 人，佔有百分之 65‧2，其中研究中國現當代文學的有 69 人，佔有百分之 13，研究中國文學一般的有 11 人，佔有百分之 2‧1，專門研究比較文學的只有 4 人，佔有百分之 0：8。還有，研究中國政治、

經濟、歷史、哲學、文化等地域學的共有 47 人，就佔有百分之 8．9。由此看，全國大學中文系專任教員裏面，研究中國古典文學的還是占第一位，而研究中國語言學的雖然是百分之 24．1，但是占第二位。

（二）年齡上的分佈情況

　　能把握年齡的 525 人，其年齡上的分佈情況如下。1938 年-1942 年的 5 年之間出生的有 17 人，1943 年-1947 年的 5 年之間出生的有 36 人，1948 年-1952 年的 5 年之間出生的有 43 人，1953 年-1957 年的 5 年之間出生的有 153 人，1958 年-1962 年的 5 年之間出生的有 163 人，1963 年-1967 年的 5 年之間出生的有 88 人，1968 年以後出生的有 6 人。由此可知從 1953 年到 1962 年出生的教員占最多。

（三）海外留學情況

　　531 人中，海外留學者總共有 281 人（碩士，博士，或者碩博士），佔有百分之 52．9，未留學者總共有 250 人，佔有百分之 47．1。考察其留學國家或者地區，就知道留學臺灣的總共有 210 人，留學地域中佔有百分之 74．7，留學中國的（包括香港）共有 68 人，佔有百分之 24．2，留學其他國家的公有 31 人（日本、法國、美國等地，也包含華僑），佔有百分之 11，2 個國以上留學者有 28 人，佔有百分之 10。

　　進入大學中文系的教員裏，有中國留學者，是 1994 年以後的事情，不過，達到 1999 年，已經超過臺灣留學者。

　　還有，從 1999 年開始海外學位取得者（海外留學派）超

過未留學者（國內派）。

（四）畢業大學情況

　　能把握一所畢業的大學的 505 人中，國立漢城大學中文系（本科，碩士課程，博士課程）畢業者有 110 人，佔有百分之 21．8，韓國外國語大學中國語系畢業的有 98 人，佔有百分之 19．4，成均館大學中文系畢業的有 73 人，佔有百分之 14．5。其次，高麗大學中文系畢業者，共有 49 人，佔有百分之 9．7，延世大學中文系畢業者有 48 人，佔有百分之 9．5，其他輩出 10 名以上的大學專任教員的有全南大學、嶺南大學、檀國大學、忠南大學、梨花女大、慶北大學、釜山大學與淑明女大等。

　　韓國大學從來有一種弊病，就是聘請專任教員的時候，盡力想要聘請自己學系的本科畢業生，而排除非自己大學畢業生。所以爲了克服這樣的學問上近親相姦的弊病，韓國政府已經做了從 2000 年起聘請的教授裏，本校本系畢業的不能超過聘請總數的三分之二的規定。

（五）新趨勢 —— 今後專業上的需要方面

　　聘請新的教員，　雖然跟著大學的性格有所不同，但是影響力最大的一般就是學系裏教授會議，按照希望聘請的細部領域的調查結果顯示，應調查的 185 人中，希望聘請中國語言學領域的有 96 人，佔有百分之 30．6，希望聘請中國語教育學與翻譯學領域的有 83 人，佔有百分之 26．4，希望聘請中國古典文學領域的有 36 人，佔有百分之 11．5，希望聘

請中國現當代文學領域的有 46 人，佔有百分之 14‧6，希望
聘請中國政治經濟與歷史哲學等地域學領域的有 53 人，佔有
百分之 16‧9。

　　這種顯示雖然不能說和實際聘請趨勢一致，但是露呈一
定的傾向。由此看，現在大學中文系教育課程裏客觀上不夠
的中國語教育學與翻譯學領域以及中國現當代文學領域，中
國地域學領域，比起以前來，其需要相對地增加。

四、韓國大學中文系開設課程與新趨勢

　　中國語文學研究教育者的現況與需要樣相的變化（李康
載）的設問調查，顯示韓國大學中文系開設課程大概的情況
就如下：

（一）非專業科程裏開設專業課程的情況

　　韓國大學裏的課，可分專業課程與非專業課程，非專業
課程稱做“教養課程”，主要爲別的學系同學而開設。能把
握內容的 29 個大學中，非專業課程的講座總共有 299 個，其
中現代漢語講座最多，有 188 個，佔有百分之 62‧9，漢字
以及古文講座有 50 個，佔有百分之 16‧7，其它有“中國的
社會文化”，“現代中國的理解”，“東方古典”，“中國
的戲劇電影”，“中國文學的理解”之類的講座各 10 個左
右，各佔有百分之 1 到 5 左右的比率。

（二）專業科程裏的開課情況

　　能把握內容的 29 個大學中文系裏，專業講座有 593 個，

其中現代中國語有 321 個，佔有百分之 54．1，古文有 14 個，佔有百分之 2．4，其他專業講座有 258 個，佔有百分之 43．5。其他專業講座 258 個裏，中國語言學有 60 個（23．3%）；中國文學一般有 36 個（14．0%）；經書諸子學術有 14 個（5．4%）；中國古典文學有 75 個（29．1%）；中國近現代文學有 38 個（14．7%）；中國社會文化有 14 個（5．4%）；現代中國的理解有 8 個（3．1%）；中國政治經濟有 4 個（1．6%）；中國歷史哲學有 7 個（2．7%）；其他有 2 個（0．8%）。

（三）新環境，新問題，新趨勢

　　韓國大學的中文系，已膨脹到互相競爭嚴重的地步。讓他們畢業後如何找到與專業有關的工作，這成了最重要的一個問題。培養的人才，不能讓他們都從事研究工作，應該讓畢業生找到出路，讓他們找到與專業有關的工作。所以跟著企業與社會各層，海外等的需要，往往調整教育課程。

　　2003 年 5 月 17 日在韓國中部大田韓國中國語文學會舉辦的〈中國語文學研究 ── 教育者的角色與方向〉學術會議，可以說是已反映著大學中文系教員的危機意識。裏面發表的有四組論文 11 篇，這四組中，第 1 組以 "以本科教育擔任者的中國語文學研究 ── 教育者的角色" 為主，第 2 組以 "以人文學者的中國語文學研究 ── 教育者的角色" 為主，第 3 組以 "以中國專家的中國語文學研究 ── 教育者的角色" 為主，第 4 組以 "中國語文學研究 ── 教育者的現況與向後養成方案" 為主，都討論了人文學研究與教育的根本問題以及各級領域裏的實際問題。這裏面和課程有關的問題上，大部

分指出和現實有關的有實用性的講座以及 "現代中國的理解" 等地域學講座更多開課的問題。

五、韓國外大中文系培養人才的特點與趨勢

韓國外國語大學中國語系（中文系），在中央日報 2000 年的全國大學中文系評價活動中，贏得了綜合一位。評價內容複雜，但得了第一位主要依靠教授研究成果之豐碩與每年聘請多數中國人教授從事教學，教育課程的實際性，以及輩出最多的高級地域專門家以及大學教員等方面：

（一）教育結構 —— 兩個本科與五個研究課程

韓國外大中文系，有漢城本校本科與龍仁分校本科，漢城本校每年招募 100 人，但是從海外留學生與特別入學生等相當多，實在每個年級有 120-30 人，中間有進入軍隊的也不少，爲了學漢語休學後去中國、臺灣等留學的也不少。再復學的當然也不少。所以本科 4 個年級學生總共有 500 人左右。龍仁分校每年招募 50 人，4 個年級學生總共有 200-250 人左右。可以說是在韓國最大規模的中文系。

中文系畢業的學生裏，如果願意深造，可以去海外留學，可以去國內其他大學的碩博士課程研究，但是在本校裏安排各種各樣的碩博士課程，不但本校本科畢業的學生進入，而且他校畢業生也進來不少。有五個碩士或者碩博士課程，就是：一般研究生院中文系碩博士課程，一般研究生院中國學系碩博士課程，同聲翻譯研究生院韓中系碩士課程，教育專業研究生院中國語教育專業碩士課程，國際地域學專門研究

生院中國地域學專業碩博士課程。

　　一般研究生院中文系碩博士課程是培養純粹中國語文學專家的，有文學教授 4 位與語言學教授 4 位構成教授團；一般研究生院中國學系碩博士課程，培養中國地域學專家（中國政治、經濟、文化等）的，有地域學教授 4 位擔任指導；同聲翻譯研究生院韓中系碩士課程是專門培養翻譯人才的，有兩位教授擔任；教育專業研究生院中國語教育專業碩士課程，是主要培養高中漢語教師的，主要由中國語文學教授 8 人擔任指導；國際地域學專門研究生院中國地域學專業碩博士課程，培養中國地域學人才的，但是主要用英文來上課，培養國際性的中國地域學專家，由地域學教授 4 人與外部能通英文的中國地域學教授擔任指導。

（二）人才培養的特點與趨勢

　　韓國外國語大學中文系培養人才的特點就如下：

1. 通達漢語的人才（大學畢業後進入貿易界等社會各界層）
—— 畢業韓國外大中文系，一定能通於漢語會話，基本上沒有問題。通達漢語，這是最起碼的要求。

2. 翻譯專家 —— 培養翻譯專家相當多，相當優秀。

3. 各種中國地域專家 —— 韓國主要企業中和中國做貿易的，派遣中國的，很多是韓國外大畢業生。三星，現代，LG等主要企業裏的中國專家外大畢業生居多。

4. 大學教師等純粹中國語文學者，中國地域學者：培養了近100 個人以上。

（三）摸索新體系與新方向

現在還沒有公式的論議新體系與新方向，但是依靠經驗，韓國外大中文系追求的方向是明顯的。既往的努力與方向，對韓國外大的特性而言，是對的，正確的。不過，爲了研究與教育效果更加效率，應該改善許多小小的不夠的地方，應該多摸索和時代的要求符合的新的方法。韓國外大英文系是中文系發展的一個模型。本校英文系本來是學生相當多的一個學系，但近年經過學部制，最近擴大成一個學院，裏面設有三個學系，就是：英文系，英語翻譯系，英美地域學系。所以如果以後中文系擴大成一個學院，應該分幾個學系（如：中文系，中國語翻譯系，中國地域學系等）。現在校方又打算在師範學院裏設立中國語教育專業。如果能實現，能構成新體系。這是現在追求的一個新方向。

六、韓國大學中文系研究特色，
　　韓國外大中文系研究特色

（一）韓國中文系研究上的特色概貌

韓國大學中文系的研究，首先可以舉出推動研究的環境問題。教授研究評價制度的引進，各種專業性學會的活動，韓國學術振興財團的支援，中文系裏面教授的細部專業互補要求等，決定某一個教授的研究方向與力度以及深度等。

韓國的中國語文學研究的數量，到了 1990 年已經是 5000 種以上。徐敬浩編的《國內中國語文學研究論著目錄（1945-1990》（正一出版社，1991），收錄了 1,375 人的論

著 5，000 種，其中韓國人學者總共是 1，294 人。可知其研究者數目之多。又到了 2000 年，發表者與論文數目更爲增加，按照金時俊與徐鏡浩共編《韓國中國學研究論著目錄（1945-1999）》（松，2001），包括中國文史哲，收錄的論著數目有 15，000 條。

　　從中文系教授的細部專業的觀點看，研究中國文學的占最多，研究中國語言學的佔有其次。

（二）韓國外大中文系研究概況

　　韓國外大中文系教授專業可分三類，第一是中國語言學（古代，現代）；第二是中國文學（古典，現代）；第三是中國地域學。研究中國語言學的四位裏，三位研究古代語言學，一位研究現代漢語，但是應學生需求，溝通古代與現代，加上配合中國語教育學來研究。研究中國文學的四位按文體分類研究，一位研究詩歌，一位研究散文，一位研究小說，一位研究戲曲，研究是從古典研究出發，但兼顧古典與現代，而後面三位的研究重點轉移到現代方面來。研究中國地域學的四位，一位研究中國政治，一位研究國際共產主義與中國政治外交，一位研究中國政治經濟，一位研究中國經濟。還有每年聘請來的中國教授 6 人，其中 5 人研究中國語文學，1人研究中國政治或者經濟，和同樣專業的韓國學者切磋琢磨。

（三）韓國外大中國文學研究特色與新方向

　　根據前任北京大學中文系教授周先愼先生（〈中華讀書報〉，1999 年 8 月 18 日），韓國外大中國文學研究有這樣的

特色。第一，是實證的方法和求實的方向；第二，是中韓溝通；第三，是古今溝通，兼顧歷史與現實的關係。在這兒簡單介紹一下。

1.是實證的方法和求實的方向

周先生說："韓國外大中國文學研究的第一個特色，是實證的方法和嚴謹求實的學風。四位教授中有兩人在台灣獲得博士學位，兩人在台灣獲得碩士學位。他們又曾多次作為訪問教授到內地的北京大學、南京大學、復旦大學等校進行學術研究和交流，因而在治學方法和風格上，深受中國傳統學風的影響和薰陶。研究中重實證，充分掌握第一手資料，在事實的基礎上立論，在平實中求創新。……他們對一個作家或一種文學現象、文學規律的考察與分析，都立足於材料的搜集、整理和考證，因而沒有虛妄和浮泛之病。"這些話雖然有誇張之嫌，但是這可以說是所有的韓國學者研究中國語文學的共通點。

2.是韓中溝通

周先生說："韓國外大中國文學研究的第二個特色，是中韓溝通。韓國學者在考察和研究中國文學的時候，自然離不開他們的思想傳統和文化背景，用的是不完全同於中國學者的眼光；同時在用這種眼光審視中國文學時，又會很自然地聯繫到本國的文學進行思考。因此可以說，中韓溝通是一般韓國中國文學研究者所具有的共同特點和自然優勢。但對韓國外大的中國文學研究者來說，中韓溝通還是一種自覺的追求。"

（1）、研究兩國文學的比較

（2）、研究兩國文學的交流與溝通

（3）、總結、評述、並向中國學界介紹韓國相關領域的研究
　　　情況

（4）·對中國文學作品與專著的譯介

3.是古今溝通，兼顧歷史與現實的關係

　　周先生說：“是古今溝通，兼顧歷史與現實的聯繫。江
啓哲教授的研究重點是中國的古代戲曲，但同時也研究現代
戲曲，柳晟俊教授專攻中國古典詩歌，尤其在唐詩領域，辛
勤耕耘數十年,碩果累累,是一位頗有影響的唐詩研究專家，
但他也兼及新詩，對中國海峽兩岸的現代詩歌都有很深入的
研究，發表過多篇論文。李永求教授的研究重點是中國的現
當代小說，但他也寫過不少古代文學的論文。樸宰雨教授的
中國文學研究，經歷了一個由古代轉向現代的過程，側重點
雖有所變化，古今溝通卻是一貫的。古今溝通就是注重文學
傳統，將文學作爲一個歷史流程來考察，上可以追溯源流，
下可以體察趨勢，在縱的貫通中將研究引向深入。這一點，
韓國外大的中國文學研究經驗可以給我們有益的啓發。”

4.新方向

　　韓國外大中國文學研究，和上面周先愼教授所說的一
樣，有客觀露呈的特點與方向。四位教授可能不會大大地改
變自己既往的研究方向。

　　但是現在是國際國內環境大爲改變的轉形期，如果說應
付這個轉形期應該摸索新方向，應該設定研究上的新的發展
方向，我們可以說：應該整備韓國學者研究中國學的主體立
場，與韓國的歷史現實以及社會需要結合進行研究，當然加

強實事求是學風，活躍進行韓中溝通與結合，慢慢擴大國際交流的範圍。從現在的情況看，我們學系裏組織一個年輕博士們的研究會，首先對臺港文學重新評估，而每月一次開臺港文化研究讀會，以起動在韓國很少有專門研究的臺港文化研究，這是最近摸索新的方向的小小的結果。

七、結　語

現在韓國大學中文系面臨的問題，真的不少。已經超過140 個的中文系（包括所謂非中文系系統的）的認同感（Identity）的問題，由學生數減少引起的直面枯死威脅的不少的地方大學中文系的生存問題，由教育開放化引起的中國各級大學進入韓國漢語教育市場和韓國大學中文系進行競爭的問題，擬大學中語系或者中國學系與互聯網漢語教育的成長發展帶來的問題，如何和中國政治經濟等相關學問作連繫合作進行教學的問題、中國語文學領域的社會上學界上如何定位的問題等等。不過，無論如何，韓國大學中文系成長發展達到這個地步，真是以前想像不到的。如果在這樣的基礎上，積極應付由各種新的國內外環境引起來的各種挑戰，具有并陸續提高競爭力，在大小的技術問題上繼續作改善工作，可能前途是無限的。在這樣的意義上，韓國外大會站在領先地位上繼續進軍的。

關於日本愛知大學現代中國學系及其教育內容

安部悟

日本愛知大學中文系教授

一、日本大學所處的狀況

　　目前日本正面臨非常的嚴重的少子化問題，18 歲的人口從 1990 年的巔峰 205 萬人開始年年遞減，1996 年時降至 173 萬人，2000 年更僅有 151 萬人，預測 2009 年時將只有 120 萬人。由於這 20 年間 18 歲人口的銳減，因此這個問題將帶給各大學無法估計的影響。

　　特別是對那些主要依靠學生的學費來經營的私立大學而言，影響更大。已經有一部分的大學對於學生入學定額無法確實掌握，其中也可以看到一些大學陷入經營的危機。還有，直至目前為止所被承認的臨時定額也隨著 18 歲人口的減少，而以「今年度」為準，廢除臨時定額之制度。此外，有些大學也出現學生人數大幅減少的情況，對私立大學而言，眼看著已進入了嚴冬期。

　　以上的現象，不僅是私立大學的問題而已，國公立大學也受到相同的影響，特別是從今年四月開始，所有的大學都進入獨立法人化的階段。意指他們在擺脫教育部直接的干涉同時，也不能享受和以前同樣的全面支援。不僅是只有大學內部的改革，隨著獨立法人化的階段來臨，國公立大學之間的吸收或者合併，也都是大規模改革的重要課題，預測今後將會有更加大規模的改革動作。可是，實際上他們也面臨多重困難，所以改革速度比私立大學略慢。

　　除了上述大學本身的問題外，大學的錄取率年年攀昇的問題也必須關注。1960 年以前，日本的 18 歲人口中 15%以下的人可以上大學（精英份子型態），1960 年代初期到 1998 年爲止這種精英型態變成大量型態，從 1999 年大學錄取率開始超過 50%，成爲一般通用型態的教育。也就是說，日本的大學正在劇烈地變化著，已經從精英教育的場所轉變爲大眾化的一般教育、普通教育的場所了。

　　因此，社會對於大學的要求也開始產生變化，迎向了所謂「全人時代」。前來就讀大學的學生能力和適當性也呈現多樣化。應當如何應付這些問題，成了各大學的緊急課題，爲了大學的存續問題而致力於大學改革。對於教育和研究方面以及大學部和研究所的關係、甚至經營和組織的關係等等各個方面進行檢討，以期能突破經濟及物理上的限制條，儘可能達到多樣化、個性化的展現。在這些改革層面當中以「大學教育之再構築」這一點特別受到注目。

二、大學部教育之再構築

當我們對於大學教育重新評估的時候，有必要從教育內容、方法、系統甚至是經營問題，等多元的觀點來進行，並試著回顧檢討截至目前為止各大學的改革狀況，他們雖然努力地改革大學部以及全校的機構和教育，但是基於種種因素，改革進行的並不太理想，不能視為完整的改革狀態。其次，從改革的規模或者程度上看來，都相當的散亂沒有體制。例如，有些進行全校性改組的大學部和科系，打算在新的架構中重生，基於改革的理念而重新組織教員創辦新大學部，其中也發現名稱不同而內容重複的情形，因為對日本的大學來說，教員的開除和聘請等人事問題是最困難的課題之一，所以也有一些大學不改變原來架構，而打算從教育內容和方法進行改善。

在日本，一說及中文系，可直接聯想到文學院的中國文學系或者中文中國文學系。但若是談到中文的話，則有外語學院中國語言學系。文學系的屬性是以文學研究為中心的科系，若是以前的話還必須是以古典文學作為研究中心，這是傳統中文系的特質，絕對不單是日本才有的傾向。近年來學生方面也出現了多樣化的型態，對於近、現代文學的需求逐年增加，因此成員的構成也出現了變化。此外，中文教育也出現了一些轉變，長久以來中文教育主要的目的一直以研究為中心，不過近年漸漸有所改變，從研究轉為學習方面，將中文視為溝通的工具，意即著重於語用的功能上，因此變成中文是語言科系而文學則隸屬文化科系的分歧現象。

　　就日本而言，進入大學以後要修外文課的時候，第一外
語是英文，第二外語則是屬於選擇性的自由情況。不過，近
年來修法語和德語的人數減少，選擇中文的人數則大量地驟
增。主要是因爲，透過媒體方面的大肆報導，目前日本在經
濟層面對於中國的投資形成一種空前熱潮。此外，對於即將
到來的 2008 年奧林匹克也都是出乎意料的關心，比起以前對
中國的態度，目前的日本對於中國展現一種前所未有的注意
力。然而實際上，目前各大學的中文系正面臨著苦戰，但這
絕對不僅只是中文系的問題，而是文學部全體的問題。其實，
近年來考生和社會，對大學的要求逐漸傾向理工科等方面的
實用科學，因此與文學部的所學越來越疏離。即便是以文學
部做爲志願的學生，也有流向外語學院和國際交流學院這類
學院的傾向。在這樣的潮流當中，可以說中文系正處於存續
與否的緊要關頭。

三、大學部教育品質的提升

　　針對中文系的危機，在此我們必須要思考的是內容的問
題，也就是要反應學生和社會的需要，以此做爲前提，考慮
如何讓大學部教育的品質提升。早自 1960 年代後半期起，在
美國已經成爲領導風氣的「FD（Faculty Development）」，近
年也在日本受到矚目。「大學設立基準」也是著眼在，若是直
接翻譯即是意味著大學部教員之資質開發的 FD。雖然沒有
使用 FD 這個詞彙，卻明記著「大學爲了要謀求課程內容以
及方法的改善，必須要致力於組織性的研修以及研究的施
行」。現在，各大學正在被強迫從研究指向型轉換成教育指向

型的過程，因此重新檢視大學部和研究所的關係，並逐漸形成一種共識，也就是大學部改革與 FD 活動是不可分割關係。

首先，關於大學部的教育內容，可以有下述幾項改革之處：

1.涵養教育之重視
2.課程之改善
3.教學大綱之充實
4.針對學生的多樣化之應對
5.語言學教育之充實

接下來是教育方法的改善：

1.教學方法之改善
2.教材之開發
3.教育器材之活用
4.教育陣容之充實
5.留學制度等等之活用
6.多元性評價系統之確立

此處我所提出的幾項要件並非全部都是目前中文系必須改善之處，然而透過這幾樣的檢視，對中文系的改革將有極大的助益。並且對於中文系的未來，包括大學部科系改組在內的大學之全體組織改革，以及教職員的意識改革之進展都有相當密切的連帶關係。

四、愛知大學中國學系的嘗試

我所屬的愛知大學創立於 1946 年，其前身是直到日本戰

敗爲止都設在上海的東亞同文書院大學，是一所以戰敗而返
日的教員與學生爲中心而創立的大學。在此先談東亞同文書
院大學的歷史。1901 年日本的東亞同文會在上海建立東亞同
文書院，以培養日中友好合作人才爲目的，是戰前日本在海
外設立的高等教育機關中最古老的一個。位於亞洲的國際城
市上海的東亞同文書院，後來改稱大學，在尊重學術自由的
學風下，培養了許多重視中國和亞洲的國際人才。

　　因爲這個緣故，愛知大學與中國的關係非常密切。比如
說，以因爲戰敗而被民國政府沒收而於戰後歸還的十數萬張
的辭彙卡爲基礎，1968 年於日本首先發行了大型的中文辭典
《中日大辭典》，成爲一所在中國研究的領域方面廣爲出名的
大學。再者，前年以建設國際上重要的中國研究中心爲目標
的「國際中國學研究中心（Internatinal Center for Chinese
Studies）」的構想也被選定爲教育部的「21 世紀 COE（Center
of Exellence）計畫」，以作爲中國研究與教育之據點，受到
相當高的評價。

　　愛知大學是私立大學，和其他大學同樣都是歷經了十數
年的改革而走過來的。我們大學的文學系裡也包含了中國文
學專業，可是這幾年來考生明顯的減少。所以討論文學系的
改革問題時，每次必定要談及中文系的將來問題。在這種情
形下，我校也專心致力於全校的改革問題，而其成果之一就
是 1997 年「現代中國學系」的創立。這個學部的特徵就是，
突破長久以來的文學部中國文學系或者外語學部中國語言系
等這樣的框架。藉著綜合性的整合來研究現代中國，其目標
是要養成擁有大視野與國際感的人才，這種做法就大學部而

言，是日本唯一的。現代中國系把以下要點作為培養學生的
目標。

1.放眼於現代中國的各個領域，具備有關現代中國方面
的專業知識，並且擁有國際性的視野與教養。

2.具備聽、說、讀、寫現代漢語的高度能力。

3.把著眼點放在中國，又不失國際平衡感，同時具有在
國際社會中靈活運用資訊處理的能力。

4.理解巨大而又立體的中國社會與文化，具有綜合的判
斷能力和計劃能力。

5.適應以中國為主的亞洲各國的生活習慣，成為社會參
加型的、具有實踐能力的人材。

　　現在分成四個課程，分別是「言語文化」、「政治經濟」、
「國際關係」、「日中商業」，各個學年大約有２００名的學生
學習有關現代中國的一切，以培養日中關係的人才為目標，
必成為兩國間的溝通橋樑，因此具備了其他大學所沒有的幾
個特徵，總而言之，就是「重視現地教育」。

　　具體來說，其一也就是第三學期所實施的「中國當地課
程」。這個課程主要是讓扣除兩名中國留學生以外的所有二年
級學生，去天津的南開大學留學四個月的課程。從其規模和
時間來講，和一班認為的短期語言研修不同，是一種全新型
態的語言學研修，被稱做「愛大典範」。另外，是三年級的學
生所舉行的「中國當地研究調查」活動，指的是從愛大挑選
40名學生，在中國實地進行社會調查的一種課程，目前已經
在幾個地區實施了。此外，愛大每年也從中國的簽約校中請
他們派遣ＴＴ（中國臨時教師）來做發音指導，由中國專任教

師用中文講解專門科目的課程等。

這些「重視當地」的教育和研究是現代中國學部主要的特徵，入學來的學生大多都把這個列為志願動機的第一名。還有，這個「重視中國當地的大學部教育」，被選定為從去年度開始的教育部之「有特色的大學教育支援課程」。這個支援課程也就是「和大學教育之改善相關的種種努力當中，選定有特色、優秀的一種，將其實例的資訊廣泛地提供給社會，活用在今後的高等教育之改善上」。接續前年受到肯定的「21世紀 COE 計劃」，可以說在愛知大學的中國研究以及教育的方法和其方向性得到了國家的認同。

五、「中國當地課程」與「中國當地研究調查」

「中國當地課程」的目的為，使用特別研發的教材和課程，提升中文程度，特別是會話能力，以及藉此使學生感受到實際的中國而讓他們找到今後中國研究的線索。雖然我們稱做是附帶動機，為此我們在中文課程以外，還開設了「書法」、「繪畫」、「京劇」、「二胡」、「武術」、「料理」等文化講座，預期可以從中直接提供接觸中國文化的機會。此外並邀請當地企業等工作的人來演講，甚至到農村或者合併企業去見習，實行「教學實踐活動」等。學校方面為了要吸引學生而注入許多心血。再者，介紹南開大學的學生或者研究生來作為語言學習的夥伴，不只能夠直接受到中文的指導，也是理解中國的重要輔助，藉由這些活動的幫助，學生們彼此也結成好朋友。

透過「中國當地課程」而提升語言能力以及經驗當地生

活的學生們，從中獲得信心，每年都有超過既定名額的學生志願參加「中國當地研究調查」。這個調查分成幾個小組來以中文進行問卷調查，招攬當地的大學生來召開報告會議，發表其調查結果，是一種劃時代的成果。要在有限的時間當中進行這些工作實在相當的艱辛，不過，被挑選出來的學生都有深刻的覺悟，因此從準備的階段開始，學生的自主性和協調性就有很大的發揮，可以說充分達成了從被動轉換爲主動的這個目標。還有，以在當地的發表作爲基礎，回國後作成「調查報告書」，將之印刷成書並且上市販賣，也受到相當不錯的評價。

這兩個課程之共通的特徵是，前者包含被稱做「愛大典範」的教學典範，所有的事項都是經過雙方討論之後才決定的，絕對沒有全部依靠或者丟給對方大學，甚至是強迫對方接受自己的主張的這種事情。後者的情況也是，在簽約校中國工運學院的全面性協助下，選擇調查地區的決定等主要問題都是兩校一起討論之後決定的事項。另外，還有當地學生的擇取活動，依造「日本當地研究調查」的形式，每年接受10名左右的中國學生。

不論哪一種課程皆獲得了簽約校的全面性支援，課程結束之後互相做個總結，持續努力將之活用在下一年的課程當中，在這點上教育部也給予很高的評價。他們說：和當地的大學等密切地合作的這點上很優秀且有特色，考慮了對方的文化上之特性而共同努力，這種合作值得其他大學參考。

這些現代中國學部當地教育的經驗談，若是能夠提供一些想法，並讓今後中文系的改革更上層樓，是我們的榮幸。

北大中文系近期本科
教學改革的情況

溫儒敏

北京大學中文系教授

一、前　言

　　北京大學中文系是有 90 多年歷史的一個老系，又是一個大系，現有 4 個本科專業，8 個博士點，6 個全國重點學科，3 個全國高校文科科研基地和人才培養基地，2 個實體的研究所，有教職員 114 人，其中教授 47 人，在學的本科生 450多人（含留學生 100 多人），博士生 180 多人，碩士生 190多人，進修生 40 多人。北大中文系研究生教育的規模已經超過本科，但我們歷來都很重視本科的教學，視爲中文系的立系之本。以往北大中文系被視爲全國文科的排頭兵之一，享有很高的聲譽。去年教育部組織專家組對北大中文系的本科人才培養基地進行評估，也充分肯定我們的成績，認爲教學品質仍然處於全國的整體領先水準。但是，我們清醒地意識到，面對社會轉型，北大中文系作爲以基礎學科與傳統學科

爲主的一個教學單位，有不少困難與困擾，還不能充分適應社會變革的大勢，教學水準有所下滑。這幾年，我們圍繞北大創建世界一流大學的目標，調整辦學的理念與步伐，盡可能適應國家持續發展的需求，探索中文學科人才培養的模式，對本科教學做了一些改革，歸納起來，主要是 7 方面的工作，有些已經取得一些成效，有的還在嘗試摸索階段。談不上有什麼經驗，這裏提出來與各大學人文學科的同行交流。

二、提出 "守正創新" 的思路

這幾年北大中文系大多數老師對於人文學科的狀況和前景的理解比較實際，心態比較平和了。以前中文系在北大可以說是龍頭老大，地位很高，學生都願意學中文。我在 1983 年當班主任，一個班 50 人竟有 9 個省市 "狀元"。而現在高分的學生都爭著報考熱門的應用性專業去了。其實這是社會轉型期的現象，某種意義上看有其必然性。這幾年我們的工作很大一部分就是適應這種變化。就是說，對於文史哲學科社會地位的下降，包括生員品質的下降，教學科研面臨的困難，不再老是抱怨，牢騷，而是看到社會變革的必然趨勢，看到基礎學科、傳統學科也有主動適應社會變革的問題。要給人文學科的社會功能重新定位。大家都想到要變革，要更新，要適應時代，不能只是要求時代來滿足你。這樣，認識比較客觀，心態就比較平和，有利於調整步伐，改革教學。我們提出一個改革的宗旨是 "守正創新"。所謂 "正" 就是自己好的學科傳統、學風與優勢，必須保持，守住。像北大中文系這樣的老系，其特色、優勢，甚至 "系格"，都應當

保持和發揚光大，這是變革的基礎。但同時應當"創新"，這個"新"不等於東張西望，看到人家有什麼，或者什麼可以"創收"，可獲利，就一窩蜂都去"逐新"，去做自己其實不能做或不適合做的事情。我們是走"拓展內涵"的路子，創造適應社會需求，特別是能滿足社會可持續發展需要的學科生長點，逐步改善人才培養模式。"守正創新"是我們這幾年改革的思路，是本科教育的理念。我們不搞急功近利的職業培訓，而是力圖讓學生學會尋找最適合自己的人生之路，打下厚實的學業基礎，使整體素質包括人格精神都有健全的發展。"守正創新"的思路現在已經成為北大中文系多數老師的共識。這可能是近幾年我們系最重要的變化，為改革和發展準備了比較好的心態和思路。

三、保持專業設置，淡化專業界限

大學的類型不同，層次不同，對社會的功能有所不同，而中文學科在不同的大學也應當有不同的定位，有不同的人才培養模式。我們按照北大作為研究型大學辦學的層次和學校特點，給中文系的定位是以培養有較高的語言文學修養、偏於研究型的人才為主。我系本科生每年招收 90 人（另有數十個留學生），畢業後半數以上要繼續讀研究生，所以一直都是專業分得比較細的。有 3 個本科專業，即文學、語言和古典文獻，以前學生一上來就分專業，各個專業的課程設置不大一樣，好處是本科學習與將來的研究生學習接得比較緊。也有問題，就是多數學生（和他們的家長）不願意上比較冷門的專業（如古文獻），而且社會上對本科人才的需求並不大

看重過細的專業分工。針對這種情況，我們決定"保持本科分專業，但淡化專業界限"。保持專業是北大中文系本科的特色，因爲多數本科生日後要上研究生和從事專業性較強的工作。研究型大學應當以精英教育爲主，本科專業（尤其是一些比較稀缺、從國家持續發展來說有必須的特色專業，如古典文獻，等等）不宜輕易取消。但又要淡化專業界限，這是充分考慮適應社會對中文本科人才的需求，加強對學生的通識教育和素質教育。這樣就比較兼顧全面，可以在大目標下分流培養，還是以偏向研究型爲最終培養目標，但又照顧到現今社會對本科中文人才的需求，不是全都搞那麼專，一部分畢業生必須能夠更好地適應社會。幾年來我們系已經在打通不同專業的部分課程，現在要進一步，今年 9 月份新生進來，就不再分專業了，一二年級的課全部打通，到三年級再根據學生的志向選擇不同的專業。另外，從今年起開設一個新的本科專業，叫"中文資訊處理"，屬於應用語言學，將漢語語言學和電腦科學結合起來，是新的學科點。北大中文系原來有一個語言實驗室，（北大還有計算語言所）也培養過計算語言學方面的博士，現在正式成立這樣一個本科專業，搞一點應用，也是適應社會的需要。今年這個專業開始招收理科生。這個專業是跨學科的，涉及文、理、工，課程設置與其他 3 個專業略有不同，這也是一個嘗試。

四、以"厚基礎"爲中心調整
課程體系，改進教學內容

現在辦學的目標在調整，生員情況、社會需求，等等，

和以前都不同，所以課程也必須有改革和變動。但是無論怎麼改，不應該丟掉自己的特色。我們老是在講"寬口徑，厚基礎"，其實兩者是有矛盾的，前者容易，後者難，結合起來更難。現在有一種傾向，一講"寬口徑"，就似乎本科可以不要專業了，甚至有的提出要搞"大文科"，文史哲不分，學生什麼課都選，沒有一點專業歸宿，恐怕也有問題。弄不好就是"萬金油"，就更是浮躁了。所以我們對"大文科"持懷疑態度，認爲不能不經試驗就推廣。口徑過寬，基礎就不可能厚。我們認爲本科專業還是必要的，否則，教學水準會大幅度下降，研究生教育也將無以爲繼。對研究型的大學而言，更應該對此保持清醒。我們倒是比較重視在訓練學生學習能力的前提下去"厚基礎"。北大中文系這幾年反覆討論過這樣的問題：中文的本科人才如何滿足社會需求？我們認爲從業務來講，就是"能說會寫"，不把目標放在培養作家，但可以放在培養"寫家"，中文系出來的應當大都是筆桿子。這就是中文人才的特色。所謂"厚基礎"，要"厚"在寫作能力的綜合培養上。聽說中山大學中文系非常注重寫作的訓練，他們的做法對我們有啓發。我們的課程改革也正在朝這方面改。要求每一門課都來做寫作訓練。畢業論文本來非常重要，但放在最後一學期有問題，學生都在找工作，沒有足夠精力投入，而且論文出來了，水準高低對於學生的去向影響不大。考慮這種情況，我系決定把畢業論文提前到四年級上學期開始。此外，加大學年論文（在二、三年級）的份量，也分別指定老師專門指導，設定 2 個學分。提倡學年論文與畢業論文貫通結合。學年論文可以作爲畢業論文的

姐妹篇，可以在同一方向上展開，畢業論文也可以在學年論文的基礎上進一步深入，讓學生形成在相關領域進行系列研究的良好習慣。我們提出全系老師、每一門課都要充分考慮如何訓練寫作能力，可以說是全力以赴抓寫作。雖然我系沒有專門的寫作課，但這種訓練滲透到所有課程中去了，效果也不錯。

我們認爲“厚基礎”應當真正讓學生讀一些經典的基本的原著，獲得初步的學術體驗，受到高貴的文化薰陶。現在人都比較實際，也比較浮躁，難得靜下心來認眞讀一點書。中文系畢業了還沒有完整讀過《論語》、《孟子》、《紅樓夢》和《吶喊》等經典的，大有人在，讀的都是些文摘、選本，或者以看電視取替讀作品，可是膽子很大，開口就可以大談什麼“中西文化”，其實不著邊際。學風浮泛已經是一大弊病。所以我系的課程改革力圖在讀原典方面下功夫。現在的中文系本科課程體系大致上還是 1950 年代學習蘇聯而建立的，比較注重理論體系完整，文學史、概論、通論之類占了主要部分。這樣訓練的學生可能理論概括能力有了，但可能讀書少，學風浮，思想框得太死。我們希望本科的基礎課逐步減少概論與史的內容，加強專書導讀，主要往積累型而不是拼貼型的教育方式上走。比如《論語》《孟子》等文化經典，就作爲正式的課程，主要不是研究性的講解，而是帶著學生完整地讀，基本讀懂，還要背誦部分內容。其實，主要的經典真正讀懂了，古漢語呀也就過關了，文學史也部分學習了，語言文字的感覺和文化的感覺也有了，又磨了性子，學風也紮實了。爲了讓學生“學會學習”，我們還爲低年級設計了

《中文工具書及文化要籍解題》這樣帶實踐性的課。此外，我們對高年級的選修課也做了調整，增設一些可以幫助學生"學會學習"，接觸學科前沿的課，如各種學科史、學術史以及學術前沿問題討論，還鼓勵老師將各自研究的課題與成果轉化為面對本科生的專題課。每個學期提供給本科生選修的專題課不下 20 門。通過多年的努力，我系已經把基礎課、限選課與一般選修課配套組成三個層次，真正為本科教學的"厚基礎"打下了基礎。

五、形成有北大特色的教材體系

配合課程調整，我系從 1997 年開設，組織修訂或編寫本科基礎課與主要專題課的教材教材，至今已經出版 16 種，其中半數教材在全國被許多大學採用，如《中國現代文學三十年》修訂本出版 5 年來已經 18 次印刷，印數達 40 多萬冊，《中國當代文學史》也 8 次印刷，近 10 萬冊。至此，我系老師編寫的本科教材有 40 多種，有 14 部獲省部級以上的獎項，形成了有北大特色的完整的教材系列。考慮到中文系在全校人文素質教育中應當起到的輻射性影響，我系積極參與正在啟動的"普通高校人文素質教育通識課系列教材"的編寫計畫。這項計畫由北大校長許智宏院士任編委會主任，一批知名專家出任編委會委員（我任執行總編，負責具體的組織和出版工作），聯合了全國 16 個重點大學，準備編寫出版 100 種涉及文理各學科門類的通識課教材，以滿足各校素質教育開課的需要。目前有 43 種教材已經進入寫作，明年上半年出版。北大中文系有七八位教授參與這項計畫。這又開拓了教

材建設的另一個新生面。

六、堅持資深教授上基礎課

北大中文系有一個很好的傳統，就是重視本科低年級的教學，一二年級的基礎課主要由資深的教授來上，多少年來都是這樣。最近這些年研究生的教學規模大了，博士碩士生數量已經超過本科生，老師的工作量增加了，請資深教授上本科的課有困難，但我們還是努力堅持這樣做，本科的基礎課主要都是由教授、副教授來講。為了讓學生一進大學就能領略名家的不同治學風格，我們為低年級開設了一些由"名教授共抬"的"拼盤課"。如《現當代作品賞析》，就是由現代和當代文學兩個教研室著名的教授（包括已經退休的知名教授）一起來上，每人講一兩次，各家的教學風采都展現了，真是讓學生大開眼界。在北大中文系，教授博導上本科基礎課是"本分"的事。傳達教育部 4 號檔後，這個傳統就更是受到重視了。最近一次教育部組織的全國高校優秀教學成果評獎，我系又有 4 門課獲得二等獎（前幾次評獎有 4 特等獎和一等獎，多個二等獎），其中多數任課教師都是博士生導師。

七、宣導開放式教學，實行評分"正態分佈"

越是基礎課，越是低年級的課，可能就越不好講。因為基礎課的知識點和問題比較固定，如果滿足於滿堂灌，學生蹺課率可能是最高的。平時不上課，考試互相抄抄筆記，也大體過得去，學生就不會有學習的動力。如何在教學中調動

學生的學習興趣與積極性，是個大問題。這些年我們鼓勵基
礎課的教學採取開放式，即是在要求學生預習的前提下，提
倡講授與討論結合，讓學生的創造性思維能充分得到發掘。
考試也注重考能力，考是否"學會學習"。上學期我擔任一
年級的《現代文學》基礎課，就注重引導學生讀作品，發揮
各自的藝術體驗和想像力、理解和評論的能力。凡是學生可
以自己從課本閱讀中獲取的知識，課堂上不講或少講，主要
結合作品講不同的理解和評論的角度，介紹各種新的研究成
果，進而讓學生討論，發表各自的見解。學期末考試我出了
這樣一道題："你認為曹禺《雷雨》的主人公是誰？說說你
的理由。"結果學生都能結合自己的閱讀體驗充分展示各自
的理解，思路非常開放。日前《中華讀書報》已經發表了一
些同學試卷上的不同觀點，並肯定了教學方式改革的嘗試。
此外，我們重視營造自由、活躍、濃厚的系風，從 1996 年開
始設立《子民學術論壇》（主要面對研究生，也鼓勵本科生參
加）、《批評家週末》、《語言學沙龍》等相對固定的活動，除
了學生自己的討論，每學期都邀請數十位國內外各個學科領
域（包括文理科）處於前沿地位的學者來講學，介紹各學科
研究狀態，讓學生拓展學術視野，領略不同的學術風格與理
路，逐步做到"觀千劍而識器"，而且培養學術的尊嚴感覺。
我們還重視和加強學生的社會實踐與學術調查活動，每年都
組織本科生參加"方言調查"、"文物調查"與"文學社會
接受調查"等活動。主要以學生參與為主的北大中文網站，
是全國同類網站中影響較大的，也成為學生與社會聯繫和探
討學習的主要場所。這些都是配合開放式教學的有利措施。

　　人文學科的人才培養特別強調文化的薰陶。在繼續保持北大中文系思想自由活躍風氣的同時，我們也看到不良學風的侵擾與滋長，因此我們這幾年一直在抓學風，抓學術規範與教學管理。前年開始我系率先實行博士論文匿名評審與導師回避制度，端正學風，明顯提高了論文品質。這在全國都產生了積極的影響。現在我們又開始抓本科的學風與教學管理。

　　其中考試的改革是關鍵。本科生考試評分是否合理、公正與規範，也是直接涉及學生學習動力和學風的重要問題。爲了抵制不良學風，樹立學術尊嚴，我系最近出臺了有關考試評分 "正態分佈" 的規定，以及學年論文與畢業論文新的評分辦法。有關規定加強了對抄襲、作弊等違規行爲的處分力度；要求考試成績評定必須符合各分數段的比例限制，接近平均分數的人數最多（60－84 分的占 70％以上），接近高分和低分的較少（85 分以上的不超過 20％，90 分以上的不超過 10％，60 分以下的不超過 10％），分數要拉開，成績相同率盡可能少。各分數段有一個統一的參考標準，減少隨意性。如因特殊情況需調整分數段的比例（比如某些班級整體素質好，高分比重適當加大），需通過教研室會議同意。這些規定意在使不同專業之間、不同課程之間、不同老師之間，對學生的成績評價盡可能又一個共同的可比性。改進和加強對本科學年論文和畢業論文的指導，對論文的評分也規定了分數段參考標準，成績一律採用百分制，指導教師必須給出具體的評語，交教研室主任審核。系裏每年對部分論文進行隨機抽查和請專家匿名再評審，成績取指導教師所給成績和匿名再評定成績的平均分。教學管理的嚴格規範，對樹立良

好的學風起到積極的作用。北大教務部已經推廣了我系的這些改革辦法。

八、建立本科生的導師制度

由於現在的學生自理能力普遍比較差，加上社會轉型期，不健康的思潮影響大，學生的精神疾患也多。以後學生還要逐步搬到校外去住，管理也是新問題。爲此，我們實行了本科生的導師制。除了繼續設定班主任之外，系裏還指定部分老師任導師，每人負責聯繫指導 5 個本科低年級學生，除了指導學習，主要是關心學生的思想生活，幫助他們儘快從中學的階段轉向大學的學習，並逐步培養健康的思想人格。目前北大已經在全校推廣中文系這一做法。

北大中文系有過輝煌的時期，是文科教育的一個品牌。我們這些後起的教員在這裏工作，面對時代轉型的各種挑戰，要維持北大中文系的教學水準和牌子，實在是不容易的。好在有國家和學校的支持，有全系師生的團結努力，在“守正”上勉爲其難地做了一些工作，在“創新”上也大膽邁出幾步。這幾年圍繞本科教育與中文人才培養模式的調整，實施一些改革，但大都仍然處於嘗試階段，有的還沒有見出明顯效果，有的可能還存在問題。我將一些做法與想法在這裏彙報，真誠地希望得到同仁專家的指教。

（溫教授因公未出席此次會議，本文乃由溫儒敏教授提供，由王潤華教授代爲宣讀。此文乃溫教授根據 2002 年 8 月 13 日在新疆石河子召開的教育部中文學科教學指導委員會年會上的發言整理，特此註明。）

貫通東西學術、涵融多元視角
── 談新加坡國立大學中文系的發展與定位

李焯然教授

新加坡國立大學中文系教授

一、前　言

　　謝謝王院長這次邀請我來出席這樣一個重要的會議。我本來想法，這可能是中文系系主任的圓桌會議，就是閉門的，我們可以談一些很敏感的、而且是一些針對性的問題。但是，後來發覺到，其實有很多同學在座，所以我們談的問題、我們感受到的那些壓力，跟我們面對的煩惱，同學們不一定有同感的。但今天還是一種交流，因爲在座有許多在中文系工作多年的老師、朋友、主任，我們對很多問題也許都有同感，所以，今天大概可以跟大家分享一下。我特別提出來參考的，是新加坡國立大學中文系所面對的衝擊跟發展的一些情況。

　　新加坡國立大學中文系的前身是新加坡大學文學暨社會科學院的中文系和南洋大學文學院的中國語言文學系。新加坡大學中文系創辦於 1953 年，南洋大學中國語言文學系則成立於 1955 年。新加坡大學與南洋大學在 1980 年 8 月 8 日合

併爲新加坡國立大學，兩校的中文系也合併爲目前的中文系，成爲當時新加坡國立大學文學暨社會科學院的學系之一。

從 1980 年合併到今天，新加坡國立大學只有 24 年歷史。但是，我們的大學在明年，就是 2005 年，我們慶祝 100 周年。你可能會覺得很奇怪，只有 24 年歷史，怎麼慶祝 100 周年？其實這要追溯本地高等教育的源流。因爲，新加坡國立大學的前身是南洋大學和新加坡大學，新加坡大學的前身是馬來亞大學、萊佛士醫學院，所以一直追溯的話，就可以算出 100 的歷史。

新加坡國立大學中文系目前屬於國立大學文學暨社會科學院中 11 個學系之一，是其中一個比較大的學系。我們一年級開的兩門必修課，在上下學期都有提供，加起來每個學期大概有 500 個學生，所以學生人數是不少的。因爲我們現在採用通識教育的方向，所以一年級的學生，我們是鼓勵他們多修課、甚至是不同院系的課，讓他們去瞭解自己的興趣和發展的方向。但到二年級的時候，學生要選擇他們主修的科目，我們的學生大概就會有一部分就被淘汰了，或者有一部分可能是知難而退，就是知道他沒有能力繼續在中文系發展的。所以到二年級的時候，剩下來的學生大概只會約有一半，留下來主修。我們的主修科目有兩個方向，也可以說是兩個專業，一個是漢學、一個是漢語。漢學的話，包括文學、歷史、哲學；漢語則包括語言、翻譯兩個方面。

新加坡國立大學中文系是傳統的，也可以說漢學系的一種結構。也許就是方才單周堯教授提到的，香港大學中文系跟新加坡國立大學的中文系很接近，可能是保留了英國殖民

地大學的傳統，語文、史哲、翻譯都在中文系。我們鼓勵學生修不同類型的課，如果中文系的學生只選語言的課，對歷史、對文學都不瞭解；或者是對中國歷史有興趣的學生，只選歷史的課，而對文學、對哲學也完全不知道；或者是做翻譯的同學，沒有文學、歷史、哲學的背景，都是有問題的。所以我們盡量希望學生有一種全面的培訓，完整的知識訓練。所以目前我們每年開的課差不多有 60 多門，讓本科學生可以自由選。而就算是你的專業是漢學，你也可以選漢語的一些課，或者是漢語專業的學生，也可以選漢學裡面文史哲的一些課，使得學生可以靈活的配合課程的方向和個人的興趣。

　　我們目前除了本科以外，也有提供碩士和博士的課程。我們碩士的課程，有修課的碩士課程，也有研究的碩士課程；而博士學位課程的話，就完全是研究結構，但是還是需要修一些課，及去寫一篇比較長的論文。我們現在的博士論文要求，大概是 20 萬字。關於課程結構的東西，這裡我們不去詳細談，因爲在我們系的網上，資料都可以找到。我要談的，主要是中文系的發展和所面對的挑戰。因爲時間有限，我只提出三個我覺得比較重要的點，來談談目前新加坡國立大學中文系，也可能是所有中文系普遍面對的一些考慮和挑戰。

二、從傳統到現代

　　第一個思考是，從傳統到現代的轉型。

　　過去的新加坡國立大學中文系，從王潤華老師在 1980 年加入中文系，到 1 年前離開，而我是 1985 年加入中文系，

一起當同事 18 年，可以說對系裡面的情況和發展比較瞭解。
過去的新加坡國立大學的中文系，比較重視傳統的一些科
目，以前的系主任常以經、史、子、集來劃分系裏面的科目，
認爲都要有所兼顧，讓學生能夠有這方面的訓練，這是過去
的一種要求。但是發展到現在的話，我們面對的就是從傳統
走向現代的一個轉型問題。我們大部分的老師都有外國大學
受訓的經驗，有哈佛大學、史丹佛大學、普林斯頓大學、倫
敦大學等外國著名學府。我們系的一個特點是多樣化。我們
目前教師的人數，全職人員算起來大概有 24 到 25 位老師，
人數不算很多，比起中國的一些大學的中文系，有一百多個
老師，我們的人數是差的太遠。但是，在國外的中文系來說，
這個其實算是頗大的一個系。假如是 20 幾個教員，然後差不
多大概有 500、600 個學生，包括我們現在碩士生和博士生大
概有 135 人，所以加起來從一年級到研究院大概有 700 多個
學生。這個比例其實在國外的大學來説，算是差不多的。我
不知道在台灣的大學有沒有這種老師跟學生要算比例，就是
有多少位學生才能招聘多少位老師，這是國外大學都有面對
的壓力。所以方才李瑞騰老師就特別很激昂的談到，系都要
去找經費來使這個系能有健康的發展，我想這是大家都會面
對的一個問題。我們系的一個特點是，我們 20 多位老師中，
最少有來自 20 個大學培養出來的博士，有語言、文學、歷史、
哲學、翻譯等不同領域的訓練。目前在本校畢業、拿博士學
位並留校任教的反而是很少數，大部分的老師留學英國、美
國、澳洲、加拿大，甚至中國也有，我們有一位老師是北京
大學的博士。所以這個是我們的一個特點，是一個多元化、

國際化的一個系。年青的老師和在國外受過訓練的老師的加入，帶動了中文系的發展，使中文系可以走出傳統。但傳統的知識不可以被現代流行的東西所取代。方才有好幾位老師提到目前國外的一些潮流，比方說 Cultural Studies 文化研究的潮流，或者電影研究的潮流，婦女問題研究的潮流，或者是婦女文學的潮流。外國留學回來的老師會把新的學術研究和風氣帶到系裏，爲中文系提供了新的養分，新的生命。而且，對一個系的發展，當你面對怎樣吸引更多的學生來修課的壓力，使到一個系能夠有穩健的發展，因爲學生人數不斷的下降的話，就會面對教員的人數也要相對下降的命運。所以在這樣的情況下，當然有些老師覺得，我們應該開一些比較迎合潮流的，比較能夠吸引學生的課。比方電影與文學，這類的課更能夠吸引學生，學生更有共鳴。但也會有不同的意見，有些老師覺得，做爲一個中文系的學生，要有基本的訓練、基礎的知識，否則畢業出去，對於中文系應該讀過的一些科目，比方說文字學、詩詞；一些對中國歷史的基本瞭解，比方說文化史、社會史這類的課，應該有足夠的訓練，否則中文系畢業以後，所學到的東西，都不是傳統的中文系的知識。有些老師覺得應該要堅持傳統的訓練，但也有些老師覺得應該要配合潮流，學一些新的東西。所以這個是目前很矛盾的問題，我相信目前世界各地大學的中文系，都會面對這種課程改革和轉型的思考，就是我們怎樣去定位？未來的中文系應該怎樣的發展？

　　新加坡有它特殊的一個情況。過去新加坡的華文菁英，基本上都是新加坡國立大學中文系培訓出來的，所以我們有

一種社會的責任。我們訓練出來的學生有不少在大眾傳播媒介機構工作，如報館、電視台、出版社，也有不少在學術界發展、當華文老師，在政府部門、在外交部工作的。甚至有在商界工作，領域非常之廣。所以我們肩負有社會的責任，學生的基本訓練是要有的。從傳統到現代，這個轉型的過程中，我們怎麼去定位？怎麼去把課程配合社會的需要？我們又不能夠完全根據傳統，但是我們也不能完全根據潮流。方才王院長提到說，他搜集了過去 10 幾年很多外國大學朋友的名片，發覺到有些大學的系不斷的改名，這改名的原因在哪裡？就是不斷的要根據潮流來改，有些系變成 Cultural Studies 文化研究系，有些甚至變得不倫不類的，這是很值得我們去思考的問題。

三、從教學到科研

第二個需要思考的問題，是如何在教學與研究中取得平衡。新加坡國立大學擁有最豐富、最完善的圖書設備，也是全東南亞藏書量最多的中文圖書館。總計中文藏書約四十七萬冊，訂閱學術期刊三千多種、報紙四十六種。但理想的研究環境需要研究空間去配合。基本上，我們盡量希望我們的老師的工作量不要太重，使得他們能夠有研究的時間。因為這也是我們大學在過去 10 年的一個轉變，過去新加坡國立大學是個教學大學，目的是為國家培養人才，培養華文菁英，配合社會的需要。但是現在要走向國際化的時候，大學要跟國際的學術界掛勾，要求在國際上排名，所以對老師的要求已經完全不一樣了。不單是要把教學做好，而且還要把研究

做好。

　　目前許多大學都學習歐美的制度，老師如果在一定時間內不能升等和拿到永久聘約，便需要離職。我們大學也有九年的“大限”，這對年青的老師來說是一個很大的壓力。作爲一個老師，他不可以全副精神完全投入在研究和準備升等，而不顧教學的要求。問題是這樣從教學與研究中採取一個平衡？我們的老師也不能夠完全是教學，他們需要有時間在國際上著名的學報發表他們的學術研究成果。

　　教學工作的承擔和研究質量的維持，是所有的學系都要面對的問題，中文系自然亦難以倖免，在發展的過程中如何兼顧教學和研究，怎麼去鼓勵老師去開拓研究的領域，這都是需要面對的問題。

四、從本土到國際

　　第三個方面，就是從本土到國際的轉變。

　　我方才聽到好幾位朋友談到，比方說台灣大學的中文系所面對的一些問題，或者是國外日本的一些大學，或者是一些其他地區的大學的中文系所面對的一些問題。我們會發現常常有一種矛盾，或者是面對衝擊，就是本土化跟國際化之間的問題。因爲，太過本土化的話，就會影響國際化，太過國際化就會影響本土化，所以這個問題怎麼去採取一個協調？新加坡國立大學也會面對這樣的一個問題，因爲新加坡國立大學是一所有區域特色的大學，我們有很多來自本區域的學生，來自馬來西亞、來自越南、來自印尼，來自其他東南亞國家的學生。所以這個區域的特色、本土的特色，我們

不能夠放棄。區域問題的重視也影響到我們的研究方向，如新馬華文文學的研究，東南亞華人的研究，是我們研究重點之一。這方面的教學與研究，我們是最有條件和能力去做的，所以有些本土的特色，我們需要堅持。但是，當我們要把我們的研究、學術邁向國際的時候，這個國際化的過程又一定要面對的，否則它永遠只是一所區域性的大學，永遠只是一所國家的大學。這兩個方面應該怎樣去配合？我相信不單是新加坡國立大學中文系面對的問題，也是任何一所有雄心壯志去發展的大學都面對的一個問題。尤其現在面對的國際間大學的競爭，這是不容忽視的問題，也影響到中文系發展的方向。所以，我方才提到，我們在過去的發展裡，我們的 20 多位老師，是 20 所不同著名學府的博士，這是我們走向國際化的一個轉變。過去我們系裡的老師基本上都是大學自己培養出來的，就是他們的學習的經驗是在大學裡面拿到學士、拿到碩士、拿到博士，然後留校任教。但是最近幾年的話，本科畢業的學生，在本科讀學士、碩士、博士的話，根本就沒有機會留在大學裡面繼續任教，一定要先出去闖一下，或到國外的大學讀博士學位，才能夠回來。這可以視為是走向國際化的一個過程。所以這都是大學的中文系轉型的時候所面對的，我們培養學生是否能夠走向國際？他們在國際學術界是否能夠立足？這是我們新加坡國立大學中文系所面對的一些挑戰，而且我覺得這可以跟大家分享。我知道時間已經到了，所以我沒有辦法再深入的詳細的去闡明，謝謝大家。（本文整理根據李焯然教授的演講整理並經李教授修改定稿）

具有東南亞特色的南大
中文系與華文研究

李元瑾

新加坡南洋理工大學中文系教授

一、前　言

　　南洋理工大學誕生於 1991 年，基本上是一所以理工爲主的大學，且以英文爲教學媒介。大學在 1994 年才設立以華文爲教研媒介的國立教育學院中國語言文化系（向稱國立教育學院中文系）[1] 和直接向校長負責的中華語言文化中心（以下簡稱中心）。到了 2003 年 9 月，大學創辦人文與社會科學學院，並開設中文系（或稱南大中文系）。

　　南洋理工大學矗立於新加坡的雲南園－著名南洋大學的原址，有一段獨特的歷史淵源；而校內中心與中文系的先後

---

1 新加坡的教育學院於 1990 年升格爲國立教育學院，設有亞洲語文系。1991 年國立教育學院併入南洋理工大學，1994 年設立中國語言文化系，2000 年該系併入亞洲語言文化學部。中國語言文化系有別於一般中文系，它的任務是培養師資。因此，不在本文的討論範圍。

創設，也有其歷史背景與客觀現實。這種種由歷史、政治、地理、語言、經濟等相互糾結的複雜因素，影響了中心與中文系的選擇與發展，形成其本身的特色，因而有別於其他地方如中、港、台或歐美國家的大學中文系及其漢學研究。南大中文系與華文研究，具有東南亞的性格或南洋的色彩。

我們在探索如何發展南大中文系與華文研究時，必需掌握本地華文教育歷史發展的脈絡，再結合現實的情況與未來的考量。

二、南洋理工大學：新加坡華文教育起落的見證者

在殖民地時代，東南亞華文教育、華族語文以及相關文化的發展，雖然遭遇百般磨難，卻仍然掙扎前行；但獨立之後在種族政治與務實主義的氛圍下，或倒地不起或步履蹣跚。直到近 20 餘年，因爲中國經濟因素的刺激，這一切才有了轉機。新加坡從南洋大學到南洋理工大學的歷史，見證了這個演變。

新加坡南洋理工大學是南洋理工學院（1981 年-1990 年）的升格，但它的歷史可以追溯到 1955 年南洋大學的創辦。當時新馬還未自主或獨立，南洋大學的誕生使本地區的華文教育出現了從小學到大學的完整的華校系統。這是新馬華文教育發展的高峰期，然而底下暗流已開始匯聚。1960 年代初，新加坡華校小學學生入學人數明顯下降，華社想方設法也沒能扭轉跌勢。1970 年代，華校小學生數目以驚人的速度滑落。1980 年代，整個華校系統瓦解了，先是南洋大學的關閉（1980 年），接著是華校命運的終結（1987 年）。於是，一切

與華文有關的教學、研究和文化事業都受到重創，殘酷的斷層危機隨後顯現。同一時期，中國經濟的崛起與迅速發展又帶來了衝擊，政府逐漸認識到掌握中文、認識中國的迫切性。於是，華文教育與研究又有了轉機。南洋理工大學基於經濟現實的考量，在 1994 年設立了中華語言文化中心。近些年來，大學確立綜合性的發展方針，便增添或加強文、理、商色彩。2003 年人文與社會科學學院便是在這樣的背景下創立，且被校長譽爲大學的靈魂，而中文系被視爲學院的旗艦系。南大中文系成立後備受關注，部分因爲歷史與文化的情結，使它在許多新馬華人的心目中，恍若南洋大學的縮影。

三、南洋大學：中華文化情結與東南亞地方色彩

南洋大學是中、港、台以外的第一所中文大學，自是東南亞第一所中文大學。第二次世界大戰後，新加坡與馬來亞一方面擺脫英國殖民地政府的統治，走向自主獨立；一方面與中國關係疏遠，並於 1951 年斷交。新馬華人對當地的認同逐漸從第二故鄉轉爲第一故鄉，但對於心中源遠流長的中華文化則不離不棄。其實，在多元種族的環境中，文化認同一直就是本地區華人確認身份的主要依歸，華校一直是維護母族文化的重要場域。爲了讓接受華文教育的華族子弟有機會深造，也爲瞭解決華文中學的師資問題，移民社群領袖陳六使，便領導華社於 1955 年創辦了南洋大學。

創辦之初，陳六使在許多場合中表達了發揚中華文化的決心。他在福建會館第十屆第三次執監委員聯席會議上說："余當傾余之財產與僑眾合作，完成吾中華文化在海外繼往

開來之使命……"[2]他在南大動土典禮上表示："……吾人已在此播下文化的種子，吾華人之文化在馬來亞將與日月天地長存"[3]言詞間透露對中華文化的強烈認同與使命感。

中華文化在不同地區有不同的發展，在東南亞也同樣經歷了本土化的過程，從事東南亞文學或馬華文學研究的學者最能體會這種變化。在新馬，中華文化在本土化進程中發展出具有本土色彩的華族文化。南洋大學是中文大學，創辦時倡辦人揮動維護中華文化的旗幟。但是，陳六使和他的支持者也意識到他們要辦的是一所具有本土色彩的大學。這不單是為了減輕英殖民地政府、馬來族群和華族英語群的疑慮，也是為了他鄉已變故鄉的事實。

南洋大學的命名過程具有本土化的意義。陳六使在 1950 年 9 月倡議自辦大學時，提出以 "中國大學" 為校名，並以中國燕京大學、清華大學和廈門大學為參照對象。[4]1953 年 1 月，陳六使再提辦學時，已改換稱謂，稱 "馬華大學"。[5]一個月後，經各幫領袖會商，定名為 "南洋大學"。 "南洋" 富有本土色彩，避開了國家認同和種族意識的猜忌。創辦者接著宣稱，大學 "收生不分種族，馬來亞各民族學生，均可報名入學就讀"[6]

南大倡辦人不忘 "完成吾中華文化在海外繼往開來之使

2　《福建會館第十屆第三次執監委員聯席會議》（新加坡：福建會館，1953）；《南洋商報》（新加坡），1953 年 1 月 18 日。

3　《南洋商報》（新加坡），1953 年 7 月 27 日。

4　《南洋商報》（新加坡），1950 年 9 月 10 日及 1953 年 2 月 4 日。

5　《福建會館第十屆第三次執監委員聯席會議》（新加坡：福建會館，1953）。

6　《南洋商報》（新加坡），1953 年 2 月 4 日。

命"時，也把發展馬來亞文化納入南大的辦校方針內，並在
創立宣言中聲言：

> 南洋大學之特質在研究各民族文化，吸取各民族文化
> 之精華，陶冶熔鑄，使馬來亞文化有輝煌之成就，因
> 此馬來亞各民族之地理歷史物產經濟與文等科目，均
> 為南大研究之中心。[7]

南洋大學文學院設立後，中文是列在全院學生的必修科
目之中，[8]而中國語言文學系（簡稱中文系）更是肩負了發揚
中華文化的重大任務。中文系的教學重點以語言與文學為主
體，必修一門哲學，而語、文、哲都比較偏重古代。許多科
目如：文學史、文學批評、語言學、文字學、訓詁學、詩歌、
詞曲、小說、詩經、楚辭等長期設置。

另一方面，文學院也提供一些具有本土色彩的科目。文
學院一向提供馬來文課程，並列入"本院必修科目"之中。
1966/67 年度南洋大學推行新制時，文學院還設立了馬來學
系，中文系便直接將馬來文或高級馬來文列入"本系必修科
目"之中，直至 1969/70 年度。

除了馬來文，文學院也提供跟本地區相關的課程，其中
史地系便先後開設了一些馬來西亞和東南亞的地理和歷史科
目，1957 年還成立南洋研究所，由史學家許雲樵主持，於 1959
年出版《南洋年刊》。1966/67 年度，大學推行新制，中文系
"選修科目"中出現東南亞近代史。1967/68 年度，中文系

---

7 《南洋商報》（新加坡），1953 年 4 月 8 日。
8 以下有關文學院和中文系的課程，是根據《南洋大學科目表》、《南洋
　大學概況》和《南大常年報告》。

"必修科目"中新設了東南亞華人史，而選修科除了東南亞近代史外，還增添馬華文學（1971/72 年度改爲新馬華文文學）、新加坡與馬來亞史、東南亞政府與政治和東南亞地理（1972/74 年度改設群島東南亞）。這以後，這幾門課的設置持續不斷，或列爲副修科目或列爲主修科目。另外，1974/75 年度，文學院開始設立兩種副修課程，供全校學生宣讀，一是東南亞研究，一是大眾傳播。

南洋大學的創辦人及其支持者，具有發揚中華文化的使命感，也一開始就意識到發展本土文化的責任。中文系課程的設置，即如其全名，重視中國語言與文學，而且偏重古代，具有傳統中文系的特色。另一方面，文學院與中文系的課程也擺進與東南亞語言、歷史、文學，地理和政治等相關的課程，供學生修讀。這雙重責任意識，是華族移民離開母國，在東南亞落地生根，自然而然萌生與發展的心態。

四、南大[9]中華語言文化中心
與中文系：承襲與抉擇

1950 年代創辦的南洋大學已走入歷史。我們探索今日南洋理工大學中文系和中華語言文化中心發展的重點與方向，卻不能不尋思歷史脈絡與現實發展的走向。

---

9 "南大"原是南洋大學的簡稱。1994 年年初，南洋理工大學決定把它的華文簡稱從"理大"改爲"南大"。此簡稱獲得新加坡總理吳作棟的支持，也獲得大多數南洋大學校友的贊同。

五、南大中華語言文化中心的教學及其本土研究

中華語言文化中心設立於 1994 年 4 月間。當時的校長詹道存博士在寫給新加坡總理吳作棟先生的便條有這麼一段話："南洋理工大學對它所繼承的南大遺產感到自豪,而且決定通過設立中華語言文化中心,推廣華文和中國文化的學習和研究。"[10]。他也希望"從長遠來看,中心會成爲各地學者切磋、研究中華語言文化的一個區域中心。"另一方面,中心的誕生自有其現實理由,詹博士在 3 月 30 日的記者招待會上宣佈成立中心時道出:中國經濟發展對新加坡日益重要,是促使大學設立中華語言文化中心的導因。他進一步說明,中國近年來經濟的開放吸引了許多新加坡公司前往投資,歐美國家也到新加坡尋求合作夥伴共同開發中國市場,許多大學生畢業後有機會被派駐中國發展,而中心的設立,有助於加強學生的華文能力和對中華文化的認識[11]。換言之,中心擔負了研究與教學兩大任務。

1993 年 10 月間當時傳播學院院長郭振羽教授受委擬定有關的計畫,國立教育學院中國語言文化系主任周清海教授兼任中心主任。中心的設立,改變了校園內的學生離開中學或高中後無緣繼續進修中文的現象。它一開始就開辦超過 20 種有關華文和中國文化的課程,其中包括了商業華文、科技華文、以及用華文和英文來教學的中華文化課程,包括了語

---

10 同年 6 月 3 日,吳總理在在紀念南洋大學創校 40 周年的 "南大之夜" 特地公開肯定這段話。
11 《聯合早報》(新加坡),1994 年 3 月 31 日。

言、文學、歷史、文化以及中國當代的政治經濟，另外還設有南洋華人史和南洋華人社會。[12]十年後的今日，中心為大學學生提供了語言類、文學類、文化經濟類和歷史民族類約40多種的選修課程。2000年7月，中文副修開設，課程涵蓋政治、社會、歷史、哲學、語言和文學等領域，讓對中文有興趣的學生進一步瞭解中華文化的內涵。此外，1997年，中心開始招收研究生，攻讀碩士和博士學位。

中心重視研究與出版，而這兩方面也最能凸顯其東南亞特色。在研究方面，四大研究範圍中三項是冠以"東南亞"，即東南亞華語與方言、東南亞華文文學和東南亞華族歷史與民俗。實際上，中心創設時的構想便側重本地或本地區有關現代中華語言文化課題，並設計了八個與新加坡語言與社會有關的課題，準備之後再把研究擴大到東南亞，以至於世界性的中華語言文化研究。[13]十年來，有關新加坡的研究包括華語和方言、華文小說、作家和作品、華人家庭與婚姻、宗鄉組織等；有關新馬的研究則有墓碑神主史料、早期中文出版歷史和南洋大學歷史。至於研究生的論文，也有此傾向，以本土華人研究占大多數，包括新馬文學、方言、華語、教育、出版印刷史和宗教等。

在出版方面，十年來中心共出版《南大語言文化學報》6卷12期，內容是以中國語言文學為主，另出版《南大語言文化叢書》18本。叢書有14本是以本土或本區域的華族語言、

---

12 中心課程介紹見《中華語言文化中心概況》（新加坡南洋理工大學中華語言文化中心編）。
13 《聯合早報》（新加坡），1994年6月5日，見周清海教授的談話。

文學、歷史、文化和民俗為物件，並以新加坡華族語言與方言的研究占絕大多數。[14]

　　總結這十年，中心為南洋理工大學學生提供中華語言文化的選修和副修課程，使許多對這方面有興趣的學生在進入大學之後仍然有機會修讀有關課程。另一方面，中心的原有目標是要開拓東南亞華族語言文化的研究，但因人力與財力資源的關係，它的研究地域比較集中在新加坡，內容則側重語文與方言，並在這方面累積了一些成果。[15]從另一個角度來看，中心的教學基本上以中國語言文學為主體，而研究與出版，卻側重東南亞華人語言文化的研究。這跟前面反覆強調歷史淵源與現實考量息息相關。華人在另一塊土地上落地生根，必須吸收與繼承厚實的中華文化，同時也必須研究中華文化移植本土／本地區後的調適與轉變，探討它如何在異質的土壤上開花結果。

　　隨著人文與社會科學學院中文系的成立，中心過去為全校所提供的選修課程和副修課程，全都轉由中文系負責，原有的五位全職和一位兼職的教學人員，以及十多位兼課老師，都轉到中文系。從此以後，中心可以專心於研究與出版事宜。

　　中心今後將在原有的基礎上發展，加強研究人員的陣

---

14 http://www.ntu.edu.sg/cclc/research/Series.htm
15 有關語文和方言的出版作品有：《新加坡社會和語言》、《華文教學應走的方向》、《務實的決策：人民行動黨與政府的華文政策研究》、《二十一世紀的挑戰：新加坡華語文的現狀與未來》、《新加坡閩南語概說》和《新加坡話語辭彙與語法》，工具書則有《新加坡特有詞語詞典》和《新加坡閩南話詞典》。

容，並繼續招收研究生。這以後，中心除了繼續發展新加坡華族語文研究外，也將加強本地華人歷史、社會、文化等研究，另一方面則逐步將華人研究擴大到馬來亞和東南亞。當然，中心照舊鼓勵中國語言文學文化等研究專案的開拓。

中心還可以結合中文系師生的相關研究與課程，以及同一屋簷下的華裔館的人力物力，共同拓展東南亞華人研究，使南大將來能發展成爲一個東南亞華人研究的區域中心。

六、南大中文系：繼承傳統、創造 新境、關懷本土、放眼世界

南洋理工大學雖然以理工爲主，但不是一所純粹的理工大學，它由學院提升格爲大學後不久，就有會計與商學院、教育學院、傳播學院的納入或成立。迎接二十一世紀的前夕，它已確立朝向綜合性大學發展方向，於是，新世紀前面幾年即陸續成立生命科學學院、人文與社會科學學院，以及藝術、設計與傳媒學院。其中人文與社會科學中文系的誕生，備受矚目。

這是一個歷史機遇：外在大環境的改變、新加坡經濟與文化的需求、國家語言政策的修訂、南大新上任校長的認知、南洋理工大學成爲綜合性大學及強調南洋大學的歷史聯繫等，爲南大中文系的成立帶來契機。而它的成立，[16]具有多層意義：

第一、隨著中國經濟的快速發展，具備中國知識的華文

---

16 南大中文系雖在 2003 年 9 月成立，爲避免匆忙行事，於是決定 2004 年 7 月只招收研究生，2005 年 7 月才迎接第一批一年級的本科生。

人才日益重要。在這方面，人文與社會科學學院內的中文系，可與本院中華語言文化中心在教學與研究上相輔相成，並與本院和本校一些院系交流合作。中文系的任務包括：一則培養本科生，加強其中華語言文化深度、對中國歷史與現狀的瞭解、以及對本土的認識；一則提高其他院系學生的中文程度、文化內涵和對中國的認知；一則通過副修和雙主修途徑，為本系和大學培育具有中文和中國知識，又掌握其他院系專業知識的人才。

　　第二、在環球化的時代，中英雙語與雙文化的人才越發珍貴[17]。新加坡重視英語的環境與教育方式，使大部分學生掌握一定程度的英文，但大多數的華文程度不盡人意。南大中文系的設立，可以協助大學創造雙語和雙文化環境，推而廣之，則協助國家社會培養雙語和雙文化的人才。

　　第三、南洋理工大學重視人文精神，大步向綜合性大學目標邁進，使今後大學和學生，朝更完善的方向發展。與此同時，大學也重視歷史的回顧，繼承和發揚歷史的珍貴遺產─南大精神，使今後的南大更具有凝聚力和鬥志。過去的南洋大學是一所中文大學，因此，中文系的象徵意義更為重大。而中文系承載的文化使命，可以協助南大開拓人文環境。

　　南大中文系與中華語言文化中心的設立有相似的背景和因素，只不過經歷十年之後，大學認同南大歷史的意願更殷切，走向綜合大學的步伐更快速，培養中文人才、甚至雙語

---

17 2004 年 6 月 23 日，南大中華語言文化中心為成立十周年而舉辦的"國家疆界與文化圖像"國際學術會議開幕典禮，新加坡內閣資政李光耀受邀主持，他演講稿的中心圍繞在培養雙語雙文化人才的重要。有關演講，本地媒體都有報導，

人才的目標更明確。在這樣的情境裏，南大中文系確立了其宗旨、方向和課程。

繼承傳統：華校衰微造成新加坡中文程度低落和文化斷層，中文系需要爲選擇本系的學生加強傳統漢學的基礎，以期培養一批批具有文化深度的中文人才，所以語言和文學科目必備。而我們今日今時的教育情況特殊，不同於中國或臺灣大學，也有別於過去的南洋大學，中文系學生無法從文學院或人文學院中選修用中文開設的歷史或哲學等科目，所以本系必須把這類科目納入必修課程範疇內。

創造新境：除了教授古典學問，中文系也重視當代知識和跨學科訓練，使學生在欣賞傳統、認識現在的同時，不僅能從中華文化吸取養分，也能以多元化的角度審視中華文化，從而培養有深度、有主見的中文人才。學生畢業以後，如果踏入傳統行業，像教育與媒體，他們可以發揮自己的創意；如果從事其他新職業，他們也必具備應付挑戰的能力；如果他們選課時側重當代中國，那麼所掌握的語文和知識，有助於他們在政府部門或私人公司扮演類似諮詢的角色。

關懷本土：從新加坡的角度來看，傳統的意義除了中華文化的本源傳統，還指向華族文化的本土傳統。中華文化移植本土/本區域後，不斷調適與演化、並跟其他文化碰撞與交流，逐漸發展自己獨特的華族文化，組成世界華人文化的重要部分。中文系在幫助學生打好傳統漢學基礎的同時，有責任培養他們對本土華人和海外華人文化的認識。本系因此重視華人學課程的開設，也將結合中心的資源從事這方面的研究，去挖掘、深化本土/本區豐富的華族文化，並進一步與世

界華人文化接軌。華人學的設置，使南大中文系具有南洋特色。

　　放眼世界：在全球化的趨勢下，國家社會需要具有視野開闊、眼光深遠的年輕國民。生活在東西文化交匯的島國，成長於實施雙語教育的中小學校，學生雖然沒足夠的文化和雙語深度，但是已具備學習的基礎條件。中文系通過選修、副修、雙主修課程，為本科生和其他院系學生服務。人文薰陶、當代知識、西方理論和跨學科訓練，有助學生拓展視野和思維。另外，像一些科目分別以中、英文教學，像翻譯副修課程的設置，像學生有機會到外國大學上課，這些都可幫助學生泅泳於中西文化之間，擴大他們的眼界。

七、結　語

　　世界許多大學都設系教授中華語言、文學或文化。僅僅是系名就出現好幾種不同的稱謂和英文譯名，課程重點自是各異了。各地大學中文系的發展，跟外在大氣候和內在環境息息相關，除了照顧到本源傳統的承傳，更要是考慮本土的環境與需求，各有辦系的理念與目標。東南亞大學的中文系，必然具有本區域特色，即便如此，東南亞各大學的中文系，也因為本國因素而各顯異彩。南大中文系和華文研究，除了從五千年的本源文化尋求資源，以及跟全球中文系接軌之外，我們有自己的本土傳統、自己的現實環境和文化需求，必須尋找自己的發展重點和路向。

中國文學系中的比較文學

黃維樑

台灣佛光人文社會學院教授

應邀參加這個"全球中文系發展新方向國際會議",很榮幸,很高興。上午我聽了諸位同行的高論,獲益良多。在中文系發展方向的討論中,我們關心的是:究竟在教學和研究裏,重語言呢,還是重文學?重古代呢,還是重現代?重本土的當代文學呢?還是兼顧全球的華文文學?還有,在中國文學之餘,要不要兼顧外國文學?我們的教學和研究,最好當然是全面周到、博大精深。可是,全面周到、博大精深是難以企及的。因此,我們不同的地區、不同的大學,根據各自的條件和需要,乃有不同的定位、不同的方向。雖不至像徐志摩詩說的"你有你的,我有我的,方向",卻畢竟是各有所能、各有所需,在符合中國語文系(或中文系、華語系以至東亞語文系……)基本要求的基礎上,各自發展。

今天主人王潤華教授指定我講的題目是〈中國文學系中的比較文學〉,這是大會主題宏大架構中的一個小課題。

在座的一些同學,也許對何謂"比較文學"不太理解。我先說明一下。美國學者哈利·雷文(Harry Levin)說:"文學如果不是比較的,是什麼?"("What is literature if not comparative？"）換言之：沒有比較，就沒有文學。這是警句。誠然，離開了比較，哪有文學研究可言？我們說《詩經》寫實，《楚辭》浪漫；唐詩如酒，宋詩如茶；李白飄逸，杜甫沉鬱；……。這些都是比較。不過，這些是文學的比較，卻不是比較文學。比較文學是什麼？是不同語言、不同文化傳統、不同國家民族的文學的比較；比較二者有什麼相同、相異之處，探討何者影響何者，何者受何者影響。研究中國律詩和西方十四行詩的異同，研究魯迅的《狂人日記》所受果戈理的《瘋人日記》的影響，……這些才是比較文學。為什麼有比較文學？因為我們好奇，因為我們要把文學認識得全面真切，因為我們應該具備國際視野。上午貴校校長和王潤華教授都提到貴校元智大學的一個重要的 I，那就是 Internationalization（國際化）。

1976 年夏天，我在美國獲得博士學位後，返回香港，在香港中文大學中文系教書。當年余光中教授、梁錫華（佳蘿）教授也在中大中文系。余、梁二位開設比較文學一科，由中文系同學選修。當時大家的理解是：他們二位和我輪流開設這科比較文學。我們對同學的要求不低：同學要閱讀一些英文作品。香港的大學生，英文不算很好也不是很差。然而中文系的同學認為閱讀英文作品是苦事，他們叫"苦"，雖然不至"連天"。結果這科比較文學開設了一兩年就停了。我本人在中大中文系從來沒有教過比較文學這一科。

2000 年我離開中大，雲遊四方。去年秋天雲遊到星雲大師創辦的佛光人文社會學院（也可說是一種緣分吧），第一學期就開了比較文學。前幾年在中國大陸多所大學教書，如

2001 年春在四川大學、2001 年秋冬在深圳大學、2002 年秋在中國海洋大學，我分別在博士班、碩士班、學士（本科）班教比較文學。近年比較文學在大陸很受重視，教育部把它定爲二級學科。上述的幾所大學，聘我教書時，知道我有比較文學的教研背景，都要求我開設這個科目。我答應了，開了。

　　直接或間接體驗了兩岸三地"中文系的比較文學"的教學，我有下面的感想。第一，這個科目不太適宜在學士班（即大學部、本科）開設。目前一般大學學生，即使是主修文學的，其中西文學知識並不豐富。其學術背景難以應付這個科目。大一、大二的學生可能沒有聽過巴金、曹禺這些名字；他們知道且可能看過電影《特洛伊：木馬屠城》，卻很可能不知道這個故事源於荷馬的史詩《伊利亞德》。基本的文學常識匱乏，他們有什麼能力從事中西的比較，除非把這個科目的水準降至最低。最近我上網查閱資料，發現東華大學、淡江大學、臺灣大學、元智大學等的學士班都沒有比較文學這一科（剛才梅家玲教授在報告時清楚說明台大中文系大學部不設比較文學）。師大和政大在大學部高年級則有開設。我認爲如果學生的專業水準較高，在大學三、四年級開設比較文學是可行的。

　　第二個感想是：目前給大學部學生用的比較文學教科書都不理想。大陸的學者最近十多年編印了多種比較文學教材，如劉獻彪、劉介民、楊乃喬、曹順慶等很多位教授所編寫的。他們殫精竭慮、用心良苦，編寫成的教材，卻患在內容太豐富、理論太多太深、具體作品的析論太少且太簡略。

　　楊乃喬主編的《比較文學概論》（北京大學出版社，2002年；此書列為"21 世紀全國高等院校比較文學課程基本教材"）一書，十六開本，厚四百多頁，近五十萬言，我相信連博士班的學生都難以消化，何況是學士班？這本書分為九章，每章一論，即發展論、本體論、視域論、學派論、類型論、範例論、譯介論、詩學論、思潮論。"論"多且理繁，我認為這樣編排，難免有"九"寶樓臺、架構複疊之弊；讀者不容易把握綱領、識其大體。如果把比較文學研究作如下分類，我認為會清晰得多：

　　甲、本學科研究

　　Ａ·平行研究（parallel study）

　　1·作家比較　2·作品比較　3·文類比較　4·題材、主題比較　5·修辭比較　6·文論比較　7·其他課題比較

　　Ｂ·影響研究（influence study）

　　1·作家的影響　2·作品的影響　3·文類的影響　4·題材、主題的影響　5·修辭的影響　6·文論的影響（包括用西方理論來研究中國文學）　7·其他影響

　　乙、跨學科研究

　　1·文學與音樂　2·文學與繪畫　3·文學與電影　4·文學與其他藝術　5·文學與哲學　6·文學與宗教　7·文學與神話　8·文學與心理學　9·文學與歷史　10·文學與科技　11·文學與其他學科

　　這樣的分類不是十全十美的（我想，分類很難是完美的），但至少不太繁複艱深，讀者較為容易理解把握。有了較

為簡樸明晰的架構之後，編寫者於論述時，還應該舉出具體
的例子，詳加說明。文學作品的實際舉例，是絕對不能缺少
的。抽象、艱深、理論性太強的教材，碩士生博士生會一知
半解地囫圇接受，本科生則一定望書興歎了。

　　說到這裏，我要呼應上午王靖宇教授的一個觀點。他說
目前研究文學的人，大多喜談理論、喜用理論，“文化研究”
等理論大行其道。有研究中國現代文學的學者，就其本行作
專題演講時，講的竟全是留聲機如何傳入中國這事情。王教
授呼籲大家應該較為重視文學作品本身。我非常支持王教授
的意見。當前確是“主義”（-isms）及“後學”（post-）時
代。各種理論、而且多是艱深的理論，充斥於學術界。趨騖
理論之士，玄談空談，術語汜濫，語意難明，而文學作品本
身淪為理論的舉例甚至注腳。我要鄭重地呼籲，無論我們學
的是中國文學或是中西比較文學，文學是離不開《詩經》《楚
辭》《三國》《紅樓》《伊利亞德》《哈姆雷特》那些作品所包
含的人生世相和藝術價值的，文學不能沒有這些文學性。前
面我引述過一句話：“沒有比較，就沒有文學。”這裏我要
說：“沒有文學性，就沒有文學。”

附錄參考：

唉，艱難文論　黃維樑

　　年輕的學者對研究生說，你們要認識西方的文學批評理論；[1]要運用理論去研究文學，去撰寫論文。年輕的學者用中英夾雜的語言，向研究生介紹最近的文論：心理分析學不新了，馬克思主義不新了，新批評不新了，結構主義、解構主義不新了，女性主義、後殖民主義也落後了；現在流行的是文化研究；大家都來文化研究吧！[2]

　　研究生奉年輕教授之言爲南針，都去學理論、啃理論，種種新的或半新半舊的當代理論；聽課之不足，還自行組織讀書會，捧讀傅柯、拉崗等等的當代文論的中譯。[3]把鐵柱磨成針真是艱難的事，磨啊磨啊，手起繭了，甚至磨損了手，刺破了手，磨白了少年頭，針呢？卻左搖右擺，指不出什麼方向。艱難的磨練。年輕的學者，在老招牌的《中外文學》

1　本文中，文論、文學理論、文學批評理論、文學批評、文評等詞互用。各個詞語的意義，不盡相同，但有不少交叉重疊之處。

2　2003 年 11 月 5 日，在佛光人文社會學院的一個講座上，於討論時，一個年輕學者說：他從前是學心理分析的，現在此派過時了；當前文化研究是大潮流，他正投入這個潮流。

3　2003 年秋天，佛光人文社會學院的一些碩士生、博士班組織讀書會，研讀理論書籍，他們說讀來讀去都不明白拉崗的學說，問我的體會如何。我找來相關的論著來啃，來拜讀，我也不明白。又：佛院一個碩士生江君，曾找我談話，表示畏懼閱讀理論的書，又說對究竟要不要花很多時間去讀理論，感到困惑。

一篇文章裡說：不用某種主義，就不能「對學術積累有甚麼幫助」；「我甚至覺得，整個古典文學都該從頭『艱難處理』一番，否則根本不可能瞭解文學史」。[4]

數十年前，我們有晦澀的、朦朧的、艱難的詩，現在我們有晦澀的、朦朧的、艱難的文學理論和文學批評了；然而，為什麼要對文學作「艱難處理」呢？運用文論以寫作文評的目的，在於幫助讀者認識作品、欣賞作品，在於評斷作家、作品成就的高下。文論、文評為什麼要艱難呢？二十世紀中國人從西方引入的多種艱難理論，對我們瞭解李白的飄逸、杜甫的沈鬱有何幫助？對我們欣賞諸葛亮的「隆中對」和林黛玉的《葬花吟》有何幫助？我們可曾用艱難的解構理論來評選「三十本文學經典」？諾貝爾文學獎委員會可曾根據艱難的典範（paradigm）理論來撰寫得獎者的讚詞？

艱難處理的論文，說穿了，泰半不過是「以艱難文飾淺陋」（西方有 the elaboration of the obvious 一語）的現代八股文而已。新科的博士要成為教授，資淺的教授要升級、要成為資深，不出版就完蛋，於是不得不參與這些艱難的智力遊戲。「艱難處理」有「真的艱難」和「假的艱難」之別。真的還好，「真積力久」，可能不無收穫；假的簡直可惡，君不見八年前的 Sokal Hoax 事件（香港有人譯作「騷哥戲弄事件」；

---

4 黃錦樹在《文之餘？》【副題太長，從略】（《中外文學》2003 年 12 月號頁 47-64）的註 18 中引述了「艱難處理」一語。黃氏謂，《文之餘？》的審查人有兩位，其一說黃氏此文援用西方某理論來討論，乃是「艱難處理」、「大費周章」。黃氏回應審查人的見解時，強調「艱難處理」的重要。

騷者 show 也，台灣譯作「秀」）嗎？[5]騷哥教授製作了一篇長而艱難的學術論文，投給著名學報《社會文本》（*Social Text*），蒙其編委及匿名評審袞袞諸公「青睞」審查通過，予以發表。發表之日，騷哥預先寫好的惡作劇式事件本末聲明也公佈了。原來其大作弄虛作假、胡說八道，一大堆的術語，一大串的徵引，都不過是裝腔作勢、眩人耳目而已。美國的學術界爲之騷動。七寶樓臺，拆卸下來，不成片段，而且材料都是贗品。詹明遜（Fredric Jameson），曾光臨臺北與北京大受歡迎的文論名家，列爲《社會文本》的編委，不知當騷哥的艱難假文本舉世矚目時，作何感想？難道可引解構主義的「任何閱讀都是錯誤的閱讀」高論以解其嘲？

其實西方一向有反艱難之士。半個世紀以來，從布希（Douglas Bush，不是講話常常不清楚的小布希總統）到阿伯拉穆斯（M· H· Abrams）到布扶（Wayne Booth），都曾譴責「文論的艱難主義」（且容我鑄造這個明白曉暢的新術語）。[6]《批評探索》（*Critical Inquiry*）2004 年冬季號發表了

---

5 香港學者李天命作此戲譯，見李著《哲學衰微哲道生》一文（刊於《明報月刊》2003 年 8 月號，頁 48-56）。李氏在此文中指出：「廣義文科（人文社科）方面的學混【樑按：學混是李氏用語】，尤其是哲學、社會學、教育學、藝文批評、文化研究等等領域裡的學混，有下列特徵：（a）語意曖昧……（b）言辭空廢……（c）術語蒙混……（d）隨波逐流……。」騷哥事件爲李氏所用例證之一。Sokal 大陸譯爲索卡爾。蔡仲等譯的《索卡爾事件與科學大戰》（南京大學出版社，2000 年）一書，即述論此事。台灣也出版了關於這事件的專著。

6 Douglas Bush 在 1963 年的《文學史與文學批評》（*Literary History and Literary Criticism*）一文中，表示對故作高深的文論「假科學」詞語深惡痛絕。1977 年 Hilton Kramer 在《紐約時報》撰文，砲轟耶魯四人幫，說他們玩弄華而不實、胡鬧（pompous and nonsensical）的理論。M．H．Abrams（即《鏡與燈》的作者）說解構主義做的是「自殺式」的

布扶的《致所有關心文學批評前途的人》一函，是文論名宿對當前歪風的聲討，其力度不下於老將黃忠揮舞的寶刀。布扶不服老，向同輩和後學建言，包括對學報的忠告：「編委不能完全看懂的論文，就不要發表，即使論文作者是名家。」[7] 我們讀來彷彿仍然感受到騷哥事件的震撼。

學術似乎非高深、艱深以至艱難不可；這是個人文社會學者追求深奧 —— 像高深科技那樣深奧 —— 的時代。反艱難的言論，就像和平分子反對霸權超強國發動戰爭一樣，大概起不了甚麼大作用。一九六〇年代的台灣現代詩，晦澀虛無等西化徵狀明顯，關傑明在一九七二年二月發表文章，表達不滿，斥那些生吞活剝、東拼西湊的分行書寫為「文學殖民地主義的產品」，[8]但艱深晦澀者大多如故。文化的殖民地上，自命時髦的知識分子，視中西古代的遺產如無物，最喜歡新潮前衛的事物，詩如此，文論如此，連教育理論也如此。黃光國去年批評教育改革，痛貶台灣為「美國學術殖民地」。[9]

工作。中華學者對艱難的理論，也早有批評。1970 年代夏志清說結構主義理論「簡直有些像微積分，比我們中學裡讀的代數、幾何難上幾倍」(見臺北純文學版《人的文學》頁 126-127；此書也有 1998 年遼寧教育出版社的版本，可參看)。又：錢鍾書在 1980 年致筆者的一封信中，表示對濫用術語的反感。錢氏引述一西方學者的批評：「術語搬來搬去，而研究原地不動。」(Technical terms are pushed to and fro, but the investigation stands still。)

7 見《批評探索》該期頁 352。布扶此文原題為 "To：All Who Care about the Future of Criticism"。布扶曾長期任教於芝加哥大學，為《批評探索》創刊編委之一，是名著《小說修辭學》之作者，目前是芝大的榮休教授。

8 關傑明於 1972 年 2 月 28、29 日在《中國時報》《人間》副刊發表《中國現代詩的困境》一文，提出了上述的批評。

9 黃著《教改錯在哪裡？ —— 我的陽謀》(台北，印刻出版有限公司，2003年) 頁 103 說：「作為美國學術殖民地的台灣，卻有一批教改學者，不

台灣深受以美國爲首的西方影響，以致有論者認爲她淪
爲學術文化的殖民地。平心而論，台灣的學術文化一直有其
本土化、中華化的一面。[10]就文論而言，顏元叔與歐陽子當
年都不前衛地艱難，後來的黃永武、柯慶明、龔鵬程等等，[11]
也都頗能西而化之。

文論的殖民地之說雖過於誇張，不過，目前艱難文論之
勢頭旺盛，食西不化之風仍熾熱，這至少是可嘆的半個殖民
地。當然，中國大陸和香港的不少文論之士，也深受艱難主
義之害，這是題外話了。[12]

分青紅皂白地把美國『最新』的學術思想引入台灣，沒有經過審慎評
估，就……。」

10 台灣近年強調本土化，包括文化的本土化，這是眾所周知的。從錢穆
故居的開放到傳統藝術季的舉行，都是例證。請參考台北市文化局出
版的《東歪西倒‧參年有成——台北文化一千天》（2002 年 11 月出版）
一書。楊國樞的《華人心裡的本土化研究》（台北，桂冠圖書，2002
年）一書，則顯示建構本土化心理學的努力。

11 以龔鵬程爲例。一般華人學者運用西方女性主義文論時，總是先引用
父權夫權說、女性受壓抑說，然後把這些說法套在某些文學作品上，
以爲證明。然而，龔鵬程認爲這樣的女性主義文論有偏差。他的《文
學理論和其他學科的關係》一文，在 2004 年 2 月 15～17 日佛光人文
社會學院文學研究所「第一屆文學理論工作坊」上發表，通過大量古
代文獻，指出「女性主義理論的缺陷」。

12 好用、濫用西方理論來寫論文，是一常見現象。2003 年 12 月，香港
大學有一個「白先勇與二十世紀國際華文文學研討會」。一位與會學
者對該研討會的論文，有下面的批評：「論文的焦點大都集中在現代
主義、父權、流亡、後殖民、族群、省籍、女性主義等時髦議題上，
西方文學理論是主體，而文本倒成了客體。」見《香江文壇》2004
年 1 月號頁 44 的相關報導。這些引西方理論的論文，甚多費解、艱
難之處，如布扶、李天命等所說的，自不待言。中國大陸自 1980 年
代開放以來，崇洋、崇美之風甚熾。文學方面，現代主義的晦澀艱難，
成爲一時風尚。年輕的教授，往往對看不懂的東西情有獨鍾。曾有人
講課時說：「這篇小說你看不懂我看不懂，才有偉大的可能性。」可

說是「艱難論」的一句警語。2003 年 12 月中旬，海南師範學院舉辦
了一個中華散文研討會，會上一位資深教授坦率地說：「我搞散文研
究搞了數十年，現在不知道如何是好，不知道用甚麼理論、用什麼標
準。我靠由我指導的研究生來告訴我，要看哪些理論。而這些理論，
我都看不懂。研究生寫的論文，我也看不懂。」這個研討會，他的一
個研究生也出席了。該研究生寫的題爲《論散文理論的現代性範式》
的論文，我看了開頭的二、三千字，滿是庫恩（Thomas Kuhn）理論
的，我和她的論文導師一樣，也看不懂，最多是似懂非懂。

通才教育下的早期東海中文系

洪銘水

東海大學中文系教授

一、前　言

原來王潤華院長給我的題目是「從美國中文系到東海中文系」，用意是希望我談一談我在紐約市立大學（Brooklyn College-CUNY）教了二十幾年書，然後在九年前回到母校東海大學之間的教學經驗。後來我想到過去三、四年來我曾前後參加了天津大學、上海師範大學、武漢大學、中山大學、香港中文大學主辦的有關通識教育的學術研討會、以及菲律賓遠東大學（Far Eastern University）主辦的 Asia-Pacific Conference on Education and Culture-The University at Service of Truth, Society, and Culture；而每一次我都會提到東海大學的通才教育以及我在 Brooklyn College 參與通識的「核心課程」的經驗。2003 年 5 月份的《文訊》刊登了我的一篇文章〈東海人文精神的源流〉；早先在我擔任東海文學院院長期間，每年都在畢業特刊上以〈文理大道上的沈思〉之一、之二、之三、之四發表我對東海精神的期許。可見我是多麼

眷念東海的老傳統。因此,我就決定在今天大會的主題－「中文系的新方向」這個議題上,嘗試一種反向思考,把中文系放在「通識教育」的大架構中來討論;而以早期東海中文系的「舊方向」為例。

在美國,「通識教育」的基本理念就是「博雅教育」(Liberal Arts Education)。在台灣最早實行這個理念的就是東海大學,當時稱之為「通才教育」;我是深受其惠者。後來我進美國威斯康辛大學(The University of Wisconsin-Madison)研究所,也見證了「博雅教育」表現在一般美國學生知識廣度上的成果。1972 年我到 Brooklyn College 任教。1979 年,新校長 Dr。 Robert Hess 到任就動員全校教授,重新思考設計「核心課程」(Core Curriculum)。經過一兩年教授們跨系的組合討論,舉行了不知多少次的小組會議(Faculty Seminar),才終於制定了十門共同核心課程(共 33 學分),外加一年的大一英文(6 學分)與三個學期的外文(9-12 學分)。而我參與最多的是制定「亞非拉文化史」的必修課(Asian,African,and Latin American Cultures)。我所扮演的角色就跟在東海的時候倒過來,從受教者變成施教者。我發現我的東海「通才教育」的根基使我在跨領域課程改革上很快就能進入情況,而且成了十個系所參與的「亞非拉區域研究」的協調人(coordinator of Area Studies),直到 1994 年底我回到東海為止。返台之後,因緣際會也擔任了「中華民國通識學會」副秘書長、理事、監事等職,而有了擔任教育部委託的私立綜合大學及科技大學的訪視委員的機會。也因此,對台灣的通識教育在實踐上的諸多問題有所瞭解。所以

今天在此談中文系的方向，焦點更爲具體，面向廿一世紀的未來性以及面對全球化的挑戰，更具意義。東海的創校理念與 Brooklyn College 的「通識教育」，其中一些觀念不管在任何時空應該仍是有普世價值的。

二、東海大學創校的理念 ──「通才教育」與「勞作制度」

東海大學是五○年代美國「亞洲基督教高等教育聯合董事會」（United Board of Christian Higher Education in Asia）出資在台中大度山上購買了 140 公頃的校地，於 1955 年創立；而校園則由貝聿銘及其設計團隊陳其寬、張肇康規劃執行營建的。在籌備之初，「聯董會」即費盡心思構想要建立一所什麼樣的具有創意的大學。從當時籌劃的核心人物芳衛廉博士（Dr。William Fenn）的報告中，可以看出他們心目中的藍圖是要建立一個有別於過去在大陸的十三所教會大學而切合台灣本土需要（local needs）的大學，目的在訓練手腦並用、中西貫通、而願意服務人群的青年。

當時的構想是仿效美國小型大學（small college）的規模與「博雅教育」（Liberal Arts）的理念，實行「通才教育」與「勞作制度」。前者是爲建立學生廣博的知識與融通的能力；後者是爲打破傳統士大夫好逸惡勞的習性，養成人格平等、貴賤不分的處人處事的態度。另外，爲了幫助家境清寒的學生減輕私校偏高的學費負擔，設有「工讀制度」。當時在台灣或在亞洲，恐怕都是創舉。第一任校長曾約農先生曾特別闡釋其意義：「東海大學之勞作制度爲教育性的，而非經濟性

的，主要宗旨為使學生體驗手腦並用之實際意義，人格平等之真諦…。人格平等為民治主義之基礎，忠實廉潔主動合作等精神。」在台灣，東海是唯一的大學四十年來如一日維持著勞作與工讀制度。還有，為了養成服務社區的精神，也成立了「東海工作營」，由學生自由參加，組團到鄰近社區作勞動服務。把關懷社會服務人群的觀念從具體行動中體會，而非空談。東海也是台灣第一個設立「社會工作系」（Social Work）的大學。

　　當年東海在設計「通才教育」之初，曾特地聘請對美國通識教育素有研究的朱有光博士（Skidmore College 教育學系系主任）來校指導、制定方針、及規劃課程。並曾舉辦為期一年的社會科學實驗班。這個實驗班由歷史系、政治系、社會系、經濟系的四位教授及一位國際關係教授共同主持（第二任校長吳德耀博士也曾教授過「國際關係」），以使學生對於一個問題可以從不同的角度來觀察與研究，並且包括學生到附近的新莊做田野調查，像美國大學高年級或研究所的 seminar 課程一樣著重學生自主的研究與學習。可見，東海大學在將近半個世紀以前就已經嘗試跨領域（interdisciplinary）的教育。學校經過多次集會討論研商後，於 1957 年通過確定了東海的通才教育制度及課程，而我有幸就在這一年進了東海。

　　首先，東海是依據「博雅教育」的創校信念而設的，採取專門教育和通才教育並行互繫的制度。專門教育使學生能深入地做純學術的研究工作，或將來在社會上能用其所學。通才教育則以使學生對自然界、社會、以及人生，能做綜合

性的瞭解，以促成其對整個文化的基本認識，和其全般人格的發展。專門與通才，互相補益，合併而成爲東海大學教育的整體。

　　通才教育是以中外古今文化的基本觀念而可以促進中國文化之發展者爲中心。按照教材的性質，和互相間的關係，綜合成爲幾門通才教育的學科，分於四年內讀畢。在教學方法上，採用新方法以啓發學生的觀察、鑑別、思考、發表、及運用觀念的能力，使他們在治學方面，能得到探討學問的方法。這種教育，就做爲一個公民而言，可使他們對社會和時代有比較全面的關切。就做人方面而言，他們經過這樣的薰陶和修養，對於人生的意義，和真理的價值，也比較能做適當的評價和選擇，並且能確立信念，身體力行。

　　學生所應修習之全部課程，根據這個教育原則，通才教育部分在文學院約佔全部課程百分之五十，在理學院約佔百分之三十五，在化學工程系約佔百分之三十。通才教育科目，除教育部定的三民主義、體育、軍訓爲共同必修外，其餘科目可分爲六類：

　　　1.語文訓練：國文與英文（必修兩學年）。主要目標在
　　　　訓練閱讀與發表之能力。英文兼重發音與會話。國文
　　　　教材包括文藝、哲學等名著之選讀，特別注重中國文
　　　　化基本觀念之研究。中文系則加強歷代文選及各體文
　　　　習作之教學，以鍛鍊學生之寫作能力。

　　　2.自然科學：主要目標在研習物質科學與生物科學之基
　　　　本原理，以瞭解自然界之現象，並訓練科學的思考研
　　　　究態度。文學院學生須於一年級時修「自然科學」一

學年，並在其他年級時，就「普通心理學」、「理則學」、及「數學導論」，任選一種，修習一學期。

3.歷史課程：中國史及西洋文化史之教材範圍，均注重文化之基本觀念與文化之演變。

4.社會科學：主要目標在瞭解中國當前的政治、經濟、社會、國際關係等重要問題。教材以選題為中心，教學以綜合討論為方法，並隨時運用國外資料，以作比較。

5.人文學科：主要目標在研究人生之理想與意義，及人類精神之表現。內容包括中外古今哲學、宗教、文藝、藝術、音樂等，惟以教材過廣，不能一一研讀，僅作選樣式的比較研究；選擇數種名著與名作，以作扼要概念之說明，與研究及欣賞方法之啟迪。關於中國方面之哲學、宗教、文藝等名著選讀，大部分已於一二年級國文學科中講授，此課僅與西洋著作，作一比較。

6.綜合討論：此科設置於四學年中最後一學期，各系自行擬訂討論計畫，由學生盡其所學，彼此交換意見，以求綜合貫通。

以上課程設計，於 1957 年 3 月經教育部核准試行。東海獨特的通才教育方式，至此確定。

東海除了採取小班制之外，就是以高於國立大學教授兩、三倍的待遇聘請很多一流教授來東海專職（東海教師一律住校，不准校外兼課）；師生全部住校以利師生課外之互動。整個大學的經費 70% 由聯董會負責，另外 30% 來自學生的學費及社會人士的捐款。1955 年第一次招生，從 5800 報

名參加入學考試的學生中錄取了 200 名。不少來自台灣最好
的高中畢業生，放棄台大而選東海。草創時代的東海主要以
精緻的小型大學為號召。短短的數年之後，東海在學術的風
評上，僅次於兩個老牌大學（文理科落後於國立台灣大學，
工科落後於成功大學）。美國聯董會對東海的要求是「東海絕
不做第二流」（There should be no room for the second –rate at
Tunghai。）。

　　十年之後，美國聯董會在 1964 年 2 月 22 日至 3 月 6 日
之間，在東海作「績效評估」訪視。在兩個禮拜之間做了廣
泛的調查，包括校內師生、校友及校外社會人士。尤其對「通
才教育」與「勞作制度」的成效特別注意，因為這兩項是東
海的特色。這一次聯董會的評估成員有：Dr・S・C・Liung
（前中國基督教青年會秘書長，時居香港），Dr・Hachiro Yuasa
（前日本國際基督教大學校長），Dr・Robert Grose（美國麻
州 Amherst College 心理系副教授，當時正訪問菲律賓
Silliman University 代替原受邀之該校副校長 Dr・Merton D・
Munn），以及 Dr・William P・Fenn（聯董會秘書長，也是東
海創校的靈魂人物）。他們在會後寫了一篇 40 頁的英文報告
（Report of a Survey of Tunghai University，1964），在結論中
有一段話說：

We believe that Tunghai represents remarkable achievement
for one decade, especially under the circumstances which it has.
had to cope with: a nation at war, a nation divided, economic
difficulties, political problems. A surprising percentage of
original hopes has been realized. Not the least significant

feature of Tunghai's growth has been its creative quality. Tunghai has not followed other institutions too closely, even its spiritual ancestors the China Colleges, nor has it had to conform to too rigid an official pattern. One of the most valuable privileges it was granted was that of a degree of experimentation which had long been absent from the educational scene in China. Without that, and without the will to explore new paths, Tunghai might well have been an uninspiring imitation of an uninteresting standard.

以上報告肯定了十年來東海在諸多困難中實踐創校的理念已有難能可貴的成就（remarkable achievement）；許多原先的期許（original hopes）已被實現；特別是表現在創新（creative quality）、勇於試驗（experimentation）、與探索新道路（explore new paths）的精神；對於富有拓荒精神的「勞作制度」與「通才教育」，更喜見其受到校友的佳評與社會對東海畢業生在國內外表現的肯定。他們期待東海作一個富有開拓精神的基督教大學，該報告又說：

We are convinced that a Christian university must be a pioneering institut ion. Notable ones of the past have been. Colleges of the future are not likely to be greatly rated unless they too are. We have seen clear evidence of the pioneering spirit in Tunghai's beginnings; we still note some hopeful signs. The Labor Program was a new and creative idea in Taiwan, if not in Asia. General Education, though already a force in Japan, was new to Taiwan. It has much to offer to the whole area, which has concentrated on training specialists but has failed to educate men.

顯然的，他們認爲東海作爲一個基督教大學必須扮演一個富有拓荒精神的學府。「通才教育」與「勞作制度」的成效將對整個亞洲地區有特別的提示作用與貢獻，因爲亞洲大學的教育太注重訓練專家（concentrated on training specialists），而忘了教育的目標應該是要教育人（to educate men）。其立論的背後即有意矯正過去教育偏重專業技術的迷失。

十五年之後，Dr· William Fenn 再到東海做退休前的訪問時，仍然不忘諄諄告誡東海的學生：

比資訊、技能更重要的是敏銳的心智，如果你們的心智是薄弱無力的，一當面臨問題或信念的衝擊時，豈不立即耗盡心力，棄械投降?這樣的心智是否能直指問題或信念的重心所在?薄弱的心智絕對無法成就未來。

想擁有敏銳的心智，必需要有寬闊的識見，能夠洞悉深廣不同難易不一的問題，能洞悉潛能、能洞悉他人未能發覺之處·「沒有遠見，人類將趨於滅亡」，這句真言，不管是在三千年前所羅門時代或在今日都適用。有識見才能超越此時此地·有開放心靈，才能超越每一個當下，創造一個更美的世界·

除了資訊、技能、心智和識見外，最重要的是一份關懷·知過能改，勇於創新，並非只是圖一己之利，而是冀望全人類有更美好的世界和生活，這才是你們善用所發現事物的目的和方向。（William Fenn 著，林靖文譯，〈求學之道〉，《東海大學校刊》5 卷 3 期，86/10/29）。

　　這就是芳威廉博士對東海學生的期盼；也是東海創校的通識教育實踐的理想目標，他所強調的「關懷」（即資訊、技能、心智和識見以外的關懷）實在是值得我們深思而建立的價值觀。

　　教育的品質以及成果本來不能完全用量化的標準來評定，但畢業生的成就至少也說明一些事實。以東海第三屆一百八十幾位的畢業生爲例，有一半以上留學美國取得碩、博士學位。在學界有三位大學校長、一位技術學院校長、兩位院長、十幾位大學教授；在企業界有十幾位公司董事長與經貿專才；在政壇上有外交部長、次長、及立法委員；在美國有哈佛燕京學社執行長、花旗銀行副總裁、還有許多圖書館的專業人員（特別是女性）。這裡僅以東海第三屆爲例，其他早期的畢業生，還有更多有成就的校友分佈國內外。

　　回顧早期東海中文系的教授陣容，在當時恐怕僅次於台大。創系的系主任是曾約農校長從台大借調過來的戴君仁教授（文字學、詩選），還有台大來兼課的董同龢教授（中國音韻學）和孔德成教授（禮記）。我進東海時，已經由徐復觀教授擔任系主任（中國思想史、史記、文心雕龍）。擔任中文系專業課程的專任教授有牟宗三（魏晉玄學、理則學）、梁容若（中國文學史）、高葆光（詩經、左傳）、孫克寬（詩選、宋詩）、蕭繼宗（楚辭、詞曲選、各體文習作）、魯實先（甲骨文、古文字學）、王靜芝（兼任，戲劇）。教外系的國文，除了上述的教授之外，還有講師江舉謙和蒙傳銘，以及助教陳曉薔。人文課程，有虞君質（兼任，美學）、聶華苓（兼任，文學創作）和劉述先（專任講師）。另外，政治系有張佛泉、

沈乃正、顧敦柔、杜衡芝；歷史系有楊紹震、梁嘉賓、祁樂同、呂士朋（專任講師）；社會系有張鏡予、徐道鄰、Mark Thelin；經濟系有臧啓方、徐汝緝、田克明。而外文系在曾任教燕京大學的 Miss Anne Cockran 帶領下，十幾位充滿活力的外國年輕男女老師，以直接的教學法（Direct Method），帶學生做戶外活動、唱歌、跳方塊舞（square dance），對大部分的學生簡直是一種文化震盪。另外，教通識必修課的 Dr·Maron（西洋藝術史）、Dr·Farlow（西洋音樂）、Dr·Hamulton（比較宗教）、Dr·Beckman（體育與勞作）、Dr·Landow（化學）等洋教授，都給大家留下深刻的印象。對於偏向中國古典文學與思想的中文系學生而言，東海的外文與人文課程剛好提供一種平衡與廣闊的視野。這也說明瞭為甚麼最先踏進哈佛之門的東海畢業生，前三年都來自中文系，然後是政治系和歷史系。以中文系第三屆七位畢業生而言，全部出國留學。分別有哈佛大學東亞研究博士、威斯康辛大學東亞研究博士、哥倫比亞大學東亞研究博士候選人、奧立崗大學新聞學碩士、琵巴厘圖書館學碩士、還有一位改念理工科（從大學部讀起）。

另外，值得一提的是兩個新起的具有特色又頗受稱許的大學，元智大學和朝陽大學，其創校的校長都是早期的東海校友。他們都把東海早期的教育理念帶進新學校，辦得有聲有色。近二十年來，由於美國聯董會的淡出，東海當年小而精緻的大學構想早已不復存在，學生人數已經從八百劇漲到一萬四千人。有一段期間，「通才教育」也停擺，直到八年前教育部開始推行「通識教育」，東海校長也先後由兩位校友接

掌,才又重新開始。現在又進入另一個階段。「通識教育」在東海畢竟有其傳統,所以實行起來比較容易得到師生的認同。現在實施的是在五個領域(人文、社會、自然、管理、生命科學)中,由學生任選三個領域 8-12 學分。(教育部過去規定 8 學分,現在把自主權交還各校)。相對而言,東海「通識教育」的推動,還是比別的大學容易。因為,東海畢竟過去有這樣的傳統。東海中文系的專業課程已經朝向古今平衡,而且也兼顧中西方的文學理論。希望能盡量接近東海創校的理念:專業與通識兼顧,學貫古今中外。如何落實,恐怕是未來中文系所要面臨的最大挑戰。

三、他山之石:紐約市立大學 Brooklyn College「核心課程」

我執教二十幾年的 Brooklyn College- CUNY,學生人數與今天的東海差不多,大約一萬四千人。它是紐約市立大學十幾個院校中最好的學校之一,座落在布碌崙 Midwood 猶太人區。七〇年代中葉,紐約市立大學實行「開放入學」(Open Admission)制度,即降低入學標準為少數族群的子女保留一定名額。時值大陸正在推動「開門辦學」,於是學校就組了一個「中國教育訪問團」,十七位師生在 1976 年 1 月初利用寒假到中國訪問三個禮拜。我有幸參加了這個訪問團,抵達北京的時候正巧碰上「反對右傾教育翻案風」的運動與周恩來總理的去世,情勢相當緊張。我們從北京、青島、濟南、蘇州到上海。我還清晰的記得住在上海和平飯店,並安排了一場與上海教育局領導和復旦大學師生的座談。座中發生一場

辯論。返美之後，我與另外兩位團員還接受大學教育電視台
一個小時的訪談。那一次「中國之旅」給美國師生的印象是
大陸的高等院校科系相當少（比如沒有法律系、社會系、心
理系、企管系等），辦學理念一元化，政治掛帥，從北到南在
各大學校園所看到的大字報，可以說都是一面之詞，很少討
論的空間，但又美其名爲「教育改革大辯論」。如今想起，仍
歷歷在目。

　　數年之後（1979），我們學校換了一位新校長 Dr· Robert
Hess（人類學家，專門研究東非衣索匹亞 Ethiopia 黑皮膚的
猶太人 Black Jews）。他曾在布碌崙本地長大，有心要恢復紐
約市立大學過去光榮的歷史（過去市大對紐約居民免收學
費，吸收不少優秀的中產階級的子女，畢業生出了不少人才，
得博士學位的比例相當高，據說得諾貝爾獎的就有幾個，因
此而有「窮人的哈佛」之稱。）所以，他一到任就重新強調
學術研究，在教學方面則從全面課程改革做起，希望在二十
世紀最後的二十年間建立新的校風。這就是「核心課程」（core
curriculum）的設計與實施的由來。底下是學校每年發給新生
的「通識核心課程手冊」開頭的簡介（**The Core Curriculum:
An Overview**）：

　　This booklet has been written for entering students who are
now beginning core courses. It explains what the complete core
curriculum is and why it is the way it is. The core as a whole
represents a first layer of faculty advice to students on how to
build a superior college education.

　　The idea of a core curriculum evolved over a period of

several years, after long deliberation by the faculty on student needs and desires and on the root question of what a college education should be in the last decades of the twentieth century. Similar studies of the curriculum have been underway at colleges throughout the country, with varying results. A general plan and then specific courses were agreed upon by the college's Faculty Council in 1980. During the final year of preparation, each of the core courses has been the subject of searching college-wide discussion.

The Brooklyn College core fills just over one-quarter of a student's college program, but it is the foundation, the part all students will have in common. Probably the most striking feature of the Brooklyn core is this "common experience" aspect. All students take the same 10 courses as groundwork for everything else. The faculty have not chosen the common experience core because they think all students are（or should be）alike. Our position is exactly the opposite: the core is a starting point. The choice of this type of core is based on our deep belief in the power of common intellectual experience as a starting point for a distinctive college education. A look at the titles of the 10 courses provides an instant sketch of the core's contents.

First tier

Core Studies I   Classical Origins of Western Culture

Core Studies 2 Introduction to Art（2。 I）; Introduction to

Music （2。2）

　　Core Studies 3　People，Power，and Politics

　　Core Studies 4　The Shaping of the Modern World

　　Core Studies 5　Introduction to Mathernatical Reasoning

and Computer Programming

　　Second tier

　　Core Studies 6　Landmarks of Literature

　　Core Studies 7　Science in Modern Life I: Chemistry （7

1） and Physics （7 2）

　　Core Studies 8　Science in Modern Life II: Biology （8 I）

and Geology （8 2）

　　Core Studies 9　Studies in African，Asian，and Latin

American Cultures

　　Core Studies 10　Knowledge，Existence，and Values

　　（Foreign language study through Level 3 or equivalent ）

　　It is obvious from this listing of titles that the core embraces old and new, both the substance and formative power of liberal learning-literature, history, philosophy, mathematics, music, art - and the perspectives of contemporary inquiry ~ modern science, the world of computers, social and political theory, study of the non-Western world.

　　這個核心課程的計畫曾得到美國「國家人文科學會」（National Endowment for Humanities）的資助，其成果也受到外界的肯定。這個「核心課程」主要目標是提供學生共同的教育基礎，相信共同的知識經驗（common intellectual experience）可以做爲一個優越的大學教育的起點（a starting point for a distinctive college education）。從其設定的十門核心科目，可以窺其端倪：（1）西方文化的泉源；（2）音樂，藝術；（3）人群、權力、與政治；（4）現代世界的形成；（5）數學推理與電腦程式；（6）世界名著；（7）化學、物理；（8）生物、地質；（9）亞非拉文化史；（10）知識、存在、與價值。這十門共同必修課涵蓋了古今東西文化的博雅學問：文學、歷史、哲學、數學、音樂、藝術、現代科學、電腦、政治理論、與非西方文化。這是布碌崙學院專爲紐約大都會的學生所設計的「核心課程」；另外英文與外文（中級程度）的要求，也是學校特別重視的一環，跟通識核心課程連接在一起。從他們的理念與實踐的經驗，相信我們也應該可以加以參考，而就我們的歷史傳統與時空背景來規劃我們自己的通識教育的內涵。

　　但是我覺得更意外的收穫是：平常隔行如隔山的教授們，由於參加跨領域的小組討論而彼此有了溝通與瞭解的機會，進而達成共識。我認爲這是最好的「副產品」。反觀台灣這幾年來推行通識教育的情況，其阻力大多先來自教授（因爲大部份台灣的教授都沒有受過通識教育的背景，即使留美回來的，也因爲沒讀過美國的大學部而缺乏這方面的素養）。加上過去一些教條主義的共同科目所造成的後遺症，使學生也不瞭解通識教育的長遠意義。而中文系在台灣，長久以來，一直扮演保守的最後堡壘。中文系如何現代化，也許是今後中文系要趕上時代的最大課題。

四、全球化時代的新挑戰

二十年前當 Brooklyn College 把「電腦程式」（Computer Programming）列入核心課程時，蘋果電腦公司（Apple Computer Co。）剛出產第一代小型桌上電腦 Apple I，標榜「使用簡易」（user friendly），並且與一些大學掛鈎，以半價出售給大學及其師生。結果，首先就影響到大一英文作文課的教學。學生在電腦教室上課，當場寫作，老師輪流給個別的學生在電腦上及時改正文法造句，效果甚佳。對個人而言，寫文章大大增加了修改的方便。對其他領域如理工科的的人，可想而知，更增加許多用途。但是，沒多久電腦資訊科學又更上一層樓，進入網路的時代。近年來電腦技術的急速發展，真是驚人。然而，今天在這一方面的發展，豈不是因爲二十年前就埋下的種子發芽的成果！

隨著資訊網路的發達，知識與經濟的全球化變成可能。換一個角度看，我們已經失去「遺世獨立」的可能性。以前，共產主義國家與資本主義國家長期的對壘，各有特殊的政治經濟模式（中央計畫經濟/自由市場經濟）。但是，隨著美蘇冷戰的結束與中國的經濟改革開放，東西兩個陣營漸漸趨向互動互利的經濟新局勢。從對立轉向互通有無雙贏的夥伴關係。當然如果遇到一國受創，他國必遭牽連。美國 911 的恐怖事件，造成全球性的股市下跌就是一例。它說明瞭全世界所有國家之間唇齒相關的關係。

人類的衝突不斷，證明科學不一定是人類尋求和平幸福的答案。最後還是人文的問題出差錯，才是關鍵所在。從這

個事件得到的啓示，我覺得起碼「世界宗教」應該列入通識的核心課程。我們看到超過半個世紀的「異地牢劫的戰爭」（War of Ideology）又回到「十字軍東征」（crusade）時代。在知識經濟全球化之外，恐怕人道關懷服務人類的精神（即如維廉芳博士所提的「資訊、技能、心智和識見外，最重要的一份關懷」）及其價值觀的全球化才是人類追求和諧安樂永遠的依靠。我們應該瞭解到我們固然需要技術人員（technician），但也許更需要「文藝復興人」（Renaissance man）。中文系的學生更要努力走出「半人的教育體制」，自覺地去塑造自己做一個現代的「文藝復興人」；相信未來的出路會更寬廣些。

五、結語：大學教育提供培養
文化氣質的一種氛圍

有一位加拿大的朋友告訴我一個故事：他曾經到美國康乃爾大學參加兒子的入學新生訓練。在會上，他聽到一位加拿大的家長就問學校的一位院長說：「康乃爾能給我兒子甚麼教育是他在加拿大的大學所不能得到的？」這個院長答得很乾脆：「沒有！」我們知道美、加兩國的學術水準是旗鼓相當的，但康乃爾的學費起碼三倍於加拿大的任何一個一流的大學。假如他們不能相對的得到更多的東西，那麼爲甚麼要到美國來念呢！最後，我這位朋友從康乃爾大學校長在畢業典禮上的講話中得到啓示。那就是康乃爾強調塑造學生的氣質以及關懷他人的人生態度。氣質是望而知之，但無法量化的。至少，我的朋友對他兒子在康乃爾的教育是滿意的。這就使

我想起早期東海辦學的理念。那就是要塑造東海學生成為一個有人文素養、獨立思考、而且能貫通中西、服務社會的「東海人」。我想用這個故事來期勉所有台灣的中文系在專業之外為他們的學生提供一種培養文化氣質的氛圍。

參考資料

（1）《東海大學校史》，1981。

（2）《東海大學校刊》，5卷3期（10/29/1997）。

（3）*Report of a Survey of Tunghai University*（February 22-March 6，1964．）．

（4）*The Core Curriculum-Brooklyn College of The City University of New York*。【1981】, Rep. 1996.

馬來亞大學中文系之教學與研究

陳徽治

馬來亞大學中文系教授

一、前　言

早在一九六一年馬來亞大學（以下簡稱馬大）當局就已決定在吉隆坡校園另外創辦一個中文系，並邀請到當時在英國劍橋大學任教的著名人類考古學家鄭德坤博士來馬來亞協助籌辦。鄭博士於一九六二年年中抵達吉隆坡，開始展開籌創中文系的工作。經過鄭博士一整年的努力，馬大中文系於次年年中（1963 年）開始招收第一批學生，至今剛好有四十一年的歷史了。

馬來西亞是個多元種族，多元文化的國家，各民族都有機會學習及發揚母語教育、提高文化水準。馬大中文系就是這樣一個發揚母語教育、研究中華文化的學術中心。當年，中文系不僅讓那些已有相當基礎的中文程度的華人子弟有機會繼續深造，但它也讓非華人有學習漢語、研究中華文化的機會，俾能溝通華人與非華人之間的思想感情，促進彼此間的文化交流，互相暸解，進而能夠和平共處。這就是當年馬

大中文系之所以要創辦的其中的一個基本原則。

四十一年來中文系無論是在課程、師資及研究方面都經歷了好幾個階段的變化。這些變化的原因，一方面雖說是因爲師資的流動性很大之故，另一方面也是因爲有關當局的政策與大學學制的修訂所致。

本文既是對中文系在四十一年來所走過的路，作一回顧性的檢討，又是針對其未來的發展作一前瞻性的論述。我們將以下列幾個項目作爲探討的根據。

二、課　程

當年創系之初，中文系課程委員會曾建議：這個系的課程不應該全部取向於中國，而應該傾向於東南亞當前的情況，並以塑造一個馬來亞國爲目標。因此，其課程應分爲兩大類：一是爲有劍橋文憑華文資格的學生提供以中國語文及文學爲主的課程；一是爲沒有華文基礎的學生提供普通的漢學課程，包括初級、中級的漢語學習。

有鑑於此，中文系從開始到現在，一直來都提供適應這兩組學生需求的課程。總的來說，提供給第一組學生修讀的課程大多數與中、港、台中文系所開的課相同，如：文字學、聲韻學、校讎學、文學史、歷代文選、詩選及目錄學等。而另一組的課，則類似於西方漢學系所提供者，如：中國通史、中國文化概論、中國考古與藝術、中國科技史等。不過，中文系也提供了一些能配合該課程委員會所建議的課，那就是傾向於東南亞當前情況的課，尤其是關於東南亞華人社會及其文化這類的課。這些課正好反映了馬大中文系與其他中文

系不同的地方。這正是馬大中文系的特色。由於這類的課程是以英語來講授（七十年代中期後改用馬來語），所以它不止是可以公開給中文系的學生修讀，它也公開給整個文學院的學生選修。到了今天，其中一、兩門這類的課程，還成爲了大學的選修課，公開給文學院以外的院系的學生選修。

中文系在這四十一年來所提供的課並非一成不變的，但原則上我們還能保留了當年以至今天還是認爲是中文系的基本課並把這些課列爲必修課。（請參看表一與表二）

三、師　資

當中文系於 1963 年 5 月開課時，是由當年的文學院院長王賡武教授兼任系主任。隨後不久，就由傅吾康教授代理系務一個短時期，直到 1964 年 2 月何丙郁教授正式接任系主任一職爲止。所以我們可以說，何教授是第一任系主任。

中文系創辦初期，其師資除了系主任何教授是本國人外，其餘的教學人員幾乎全部聘自海外。（請參看表三）另一個現象是教學人員的流動性很大，這是因爲海外學人在馬大講學，大多是屬於短期合約的性質，往往是爲期一年至三年不等。當他們的合約期滿後就須離職。

六十年代中期，開始有畢業生留校繼續攻讀碩士班。當他們考獲碩士學位後，有的聘擔任教職。經過十多年的發展，到了八十年代初期中文系的師資經已全部本土化。（請參看表四）

四、研　究

　　中文系的老師在這些年來所進行的研究，基本上都與他
們在系裏所開的課有密切的關係，如：早期幾位老師的研究
範圍包括有古代典籍的校證、敦煌學、語言學、考古學、中
國科技史、現代文學古典文學及馬華文學等。即使是高級學
位研究生們所選擇的論文題目也都與系裏老師們的專業有很
大的關係。不過在六十年代中期，卻有一位研究生選擇研究
本地華人社會，他以《吉隆坡華人廟宇》爲題作爲他研究的
範圍。七十年代初期也有一位研究生選擇研究馬來半島客家
人的社會，他以客家人的社團組織作爲他研究的重點。

　　由於篇幅的關係，本文只介紹系裏老師有關於本地華人
社會研究的成果。因爲我以爲這方面的研究是馬大中文系與
眾不同的地方，也正是馬大中文系的強項。

　　七十年代開始，前中文系代系主任德國漢堡大學漢學系
教授傅吾康博士獲得德國 VOLKSWAGON 基金會所提供的
研究經費，從事東南亞各國華文金、石、木刻資料的搜集及
研究。首先傅教授邀請到當年還在馬大中文系執教的陳鐵凡
教授擔任他的研究夥伴一起來進行這項龐大的研究工程。
傅、陳兩位老師不但親自到全國各地進行田野調查。他們當
年也獲得來自全國各地區的同學的幫忙，常趁大學放長假的
日子裏，回到自己老家時順道幫忙搜集有關的各類的文字資
料。另一方面，傅、陳兩位老師也聘請了一位全職的研究助
理，幫忙整理所搜集到的資料。

　　經過了十餘年的努力，這項工程，關於馬來西亞的部分

終於完成，並於八十年代起，交由馬來亞大學出版社出版，直到 1987 年才告全部面世，共有三巨冊之厚。

七十年代中期，前中文系副教授兼系主任吳天才老師將他當時所收藏的馬華文學的作品，予以編目，他根據不同的文學體裁，分門別類的編成了一部《馬華文藝作品分類目錄》。此外，吳老師也將他收藏的有關中國現代文學的作品，尤其是有關詩歌的，編成了兩部書目，那就是《中國新詩集綜目》與《中國現代詩集編目（1950-1980）》。這三部書目，都被列入馬大中文系的學術叢書。

前中文系副教授兼系主任鄭良樹博士，自從台返馬任職於中文系後，除了他所專長的古籍校證之外，他也從事馬來西亞華人社會、文化及教育等方面的研究。他在這幾方面所發表過的論文，後來都分別編印成兩集，並由新加坡的南洋學會分別於 1982 及 1986 年出版。

中文系前副教授兼代系主任陳志明博士是一位研究華人社會的人類學專家。他在美國 Cornell 大學攻讀博士班時，就是以馬來半島的華人社會為題撰寫他的博士論文。當他畢業返馬後，還繼續從事這方面的田野調查工作，最後將他的博士論文加以修訂，並交由吉隆坡的 Pelanduk 出版社出版。此書出版後，一紙風行，至今還是一部研究馬來半島華人社會的權威著作。

由於受到八十年代開始的師資本土化和一些課程也本土化的影響，中文系早期的一些研究範圍已乏人問津，這包括了科技史、敦煌學以及考古學等。另一方面，關於本地華人社會的政治、經濟、文化、教育等課題的研究卻受到重視和

鼓勵。有關中國現、當代文學、馬華文學等課程的研究也大
受歡迎。

五、九十年代迄今之發展趨向

當馬來西亞發展進入九十年代後,前首相敦馬哈迪醫生
提出了一個能使馬來西亞於西元二零二零年成為先進國家的
"二零二零宏願"計劃。由於"二零二零宏願"是出自於國
家領袖對如何發展國家的一個突破性的新思維,到二零二零
年時,馬來西亞能否實現這一"宏願",教育這一環節卻成
了一個最主要的關鍵。因此,我國今後在教育方面的發展,
無論在質或在量都必須加倍提升,方能追上當今歐、美、日
各先進國的水準。所以,近年來,政府在教育的領域採取了
一些令人鼓舞的措施。如:

 ㈠大肆擴充現有大學的設備及課程,同時增加設立新的
  大學。

 ㈡創立一所公開大學(或稱開放大學)。

 ㈢批准更多的私立大專設立,並讓這些學院通過雙聯課
  程或學分轉移制,給更多學生有機會接受高等教育。

 ㈣允准外國名牌大學在我國設立分校。

 ㈤把教育當作一項有經濟效益的行業,允許私人界投資
  於教育事業。

 ㈥使馬來西亞成為本區域的教育中心。

政府上述的種種措施,使到教育課題不再被政治化或種
族化,而華文教育與中華文化在我國將會有一個更大的發展
空間。這對中文系的發展也是非常有利的。

　　我國首相拿督斯裏阿都拉（當時他還是副首相）於去年
（二零零三年）訪問中國期間，曾到廈門大學參觀暨考察，
有感於廈大已有東南亞研究所的設立，當他甫抵國門，就在
各媒體記者招待會上建議國立大學成立一所中國研究院
（Institute of Chinese Studies）。以展開對中國各個領域的研
究，尤其是注重中國的政治、經濟貿易、外交等被認為較為
"務實"的課題的研究。首相的這項建議已經落實，這所研
究院就設立在馬大，預料不久後，就會聘請多位研究員，並
積極的展開各項研究的工作。為了配合這所研究院未來的發
展，中文系在大學部的課程方面，也將會作出一些調整，我
們將會提供一些與當代中國各個方面有關的課程，如：當代
中國的政治、經濟概論，中國當代文學，港、台華文文學，
中國與東南亞的外交，中國對海外的投資（以馬來西亞為
例），當代中國的教育事業暨文化等。

　　首相的這項建議是非常有遠見及務實的。我們都知道，
步入廿一世紀的今天，以中國為主的東亞，與東南亞各國的
關係日益融洽，這些國家之間的合作，將成為亞洲，甚至是
全球經濟發展的主動力。到時，中文的使用在經濟的領域裏，
將更為廣泛。東南亞各國，尤其馬來西亞與新加坡有必要從
今天開始培養更多有使用華語能力的及瞭解中華文化的人
才，以便能與中國在經濟貿易的交往上佔有更大的優勢。

六、結　語

　　四十一年來，馬大中文系培養了將近一千九百名的畢業
生。這些畢業生主要是在教育界、文化界及學術界服務。一

小部分服務於各媒體機構（報館、電台及電視台等）。也有些則投身政界、警界、民事服務、銀行金融業、保險業及工商界等。他們不管是在政府部門或是在私人界服務，都能將他們之所學貢獻於社會與國家。

自從 1997 年爆發了亞洲金融風暴後，東南亞各國的經濟受到了嚴重的打擊，馬來西亞也不例外。至今各國的經濟還未完全復甦，其影響所及，導致近幾年來，人文科系的大專畢業生面臨嚴重的失業問題。所幸中文系畢業生在這幾年來似乎是幸運的一群，到目前為止，還沒聽說過有失業者。一方面雖說是客觀環境的因素使到中文系畢業生變得供不應求，但在另一方面，中文系畢業生比起其他友族來卻多懂得一種語文 — 中文，這就是中文系畢業生比他們強的地方。更何況隨著亞洲經濟的發展，中文已是一種非常重要的經濟與企業語文，這是不容置疑的事實。因此世界各地中文系的領導人可說是任重道遠。如何來加強及提升中文系的課程使得既能在保留傳統中華文化的同時，又能跟得上時代的發展巨輪，賦以中文系新的生命與活力。我謹於此與各位同道共勉之！

本文主要參考資料：

1. Minutes of University of Malaya Senate Meeting 23-2-1961

2. University of Malaya Calendar （Kalendar Universiti Malaya）, 1961-2002.

3. University of Malaya Annual Report（Laporan Tahunan

Universiti Malaya），1961-2002。

4.鍾玉蓮，"馬大中文系三十年來的回顧與前瞻"，《國際漢學研討會論文集》，吉隆坡：馬來亞大學中文系，馬大中文系畢業生協會，1994，頁37-49。

5.《馬大中文系三十週年紀念特刊》，吉隆坡：馬大中文系、馬大中文系畢業生協會，1993。

6.王潤華，楊松年主編，《新馬漢學研究：國大·馬大中文狀況探討研討會論文集》，新加坡國立大學中文系，2001。

7.馬大中文系檔案資料。

8.Franke Wolfgang, "Chinese Studies in The University of Malaya", Journal of The Chinese Studies, Vol. I, Kuala Lumpur: University of Malaya, pp. 67-73.

9.孫勇南，"籌備中的馬大中文系"，《南洋文摘》，第四卷，第一期，新加坡：世界書局，1963，頁12-13。

表一　　　　　　**中文系的課程**

A 組（即後來的語言文學組）	何丙郁主任 1970、71	洪天賜主任 1990、91	鐘玉蓮主任 1994、95	陳徽治主任 1999、2000
高級華文 I （後改爲各體文 I）	√			
高級華文 II （後改爲各體文 II）	√			
古典作品選 （後改爲元明清文選）	√			
目錄學	√			
漢與六朝文選	√			
訓詁學	√			
中國文學史 I	√	√	√	√
中國文學史 II	√	√	√	√
國學概論		√	√	√
中國古典詩歌賞析 I		√		

史籍導讀			√	
哲學文選		√	√	√
中國文字學（後改爲漢字學與古文字學）	√			
唐宋文選	√	√	√	√
中國古典詩歌賞析 II（後與 I 合併爲一門課）		√		
各體文 I		√	√	√
各體文 II		√	√	√
中國傳統小說		√	√	√
唐、五代及宋代詞選		√	√	√
馬華文選		√	√	√
小說賞析（後改爲二十世紀中國小說）		√	√	
中國古典學術研究法		√		

（後改爲經典導讀）			
經典導讀		√	√
元明清文選	√	√	√
華語語法			√
教派宗教典籍導讀			√
翻譯：理論與實踐		√	√
現代戲劇		√	√
古典戲劇			√
漢字學與古文字學	√	√	√
中國古典詩歌賞析		√	√
二十世紀中國小說		√	√

表二　　中文系的課程

B組與C組課程（後合併爲社會文化組）	何丙郁主任 1970、71	洪天賜主任 1990、91	鐘玉蓮主任 1994、95	陳徽治主任 1999、2000
中國文化概論	√	√	√	√
中國文學（一）	√			
現代白話語文選讀	√			
中國文學與歷史概論	√			
馬星華人社會結構與文化（一）		√	√	√
先秦兩漢史	√	√	√	√
馬星華人宗教信仰		√	√	√
馬星華人社會結構與文化（二）		√	√	
中國科學與	√	√		

文明				
中國文學思潮		√	√	√
中國哲學概論（後改爲中國哲學）		√	√	
東南亞華人文化與社會		√		√
初級華語（一）（二）（三）	√	√	√	√
中級華語（一）（二）（三）	√	√	√	√
現代文學（一）（二）	√			
華人社會研究				√
華人企業文化			√	√
古代漢語（一）（二）（三）	√			
翻譯	√			

初級日語 （一）（二） （三）	√			
漢學研究概 論	√			
中國文學概 論	√		√	√
中國藝術與 考古	√			
中華文明			√	
文學理論與 馬華文學			√	
中國哲學				√
唐宋史			√	√

　　按（√）者爲這一年度有開的課程，上表亦同。

表三　　**早期在中文系任教的海外學人**

聘自	教學人員
英國	鄭德坤、程曦、William Dolby
德國	傅吾康、Magdelene Von Dewall
香港	錢穆、陳璋、徐士文
台灣	王叔岷、蘇瑩輝、陳鐵凡、馬承驌
美國	陳啓雲
澳洲	柳存仁
新加坡	周辯明

表四　　中文系師資本土化過程

年代	受聘任教的老師
七十年代	江偉愛、鄭良樹、林長眉、楊清龍、鍾玉蓮、陳徽治、鄔拜都拉、陳應德
八十年代	陳志明、林水　、謝愛萍、張麗珍、蘇慶華
九十年代	王介英、何國忠、孫彥莊、潘碧華、黃玉瑩

表五　　研究範圍

研究範圍	研究者（系里老師）
古代典籍校證	王叔岷、陳鐵凡、鄭良樹
敦煌卷子、圖書版本	蘇瑩輝、陳鐵凡

中國科技史	何丙郁、洪天賜、吳天才
考古藝術	鄭德坤、Zuraina Majeed（朱麗娜）、Magdelene Von Dewall
歷史	傅吾康、陳啓雲、陳璋、江偉愛
哲學、思想史	Obaidellah Mohamad（鄔拜都拉）、王介英、何國忠
古典文學	程曦、鍾玉蓮、林長眉、楊清龍、林水 、王介英、鄔拜都拉、潘碧華
現當代文學、馬華文學	王綸、吳天才、鍾玉蓮、張麗珍、曾詠心、孫彥莊、潘碧華、陳應德
中國伊斯蘭教、民間宗教信仰	鄔拜都拉、蘇慶華
語言文字	徐士文、馬承驌、陳應德、陳徽治、黃玉瑩
馬來西亞華人社會暨文化	傅吾康、陳鐵凡、林水 、陳志明、謝愛萍、蘇慶華、黃玉瑩、陳徽治

中文教育與現代性的啓蒙

江寶釵

台灣中正大學中文系教授

一、前　言

　　我對中文系前途的思考，時間甚早。何以如此？也許因爲個人學士四年（1975～1978）、碩士三年（1981～1984）、博士三年（1991～1994），十年在師大的讀書歲月，曾經在國中、高中教過書，到新設的大學中正大學（1988～），協辦外文所——我是外文所的創所助理，如今則負責籌備台文所，在今年開始招生。另一方面，在我的研究裡，有一部分是田野調查，我必須走出學院的門牆，與人們交談，經歷了幾乎半個世紀的中文系變遷。中文系作爲一個人文教育的養成學科，一個中文教育與學術的專業學科，經歷了台灣社會的劇烈動盪，個人確實頗有感受。我經常地感到中文系與社會潮流之間的相刃相靡，社會思潮的變遷，中文系以不變應對的抗拒，以致於因而面臨的危機，我逐漸地從思考中形成一些想法。

　　這樣的一個過程裡，觸動我去思索，台灣所有大學的中

文系的面貌是怎麼形成的？今日中文系的規模與生態代表一
定的歷史意義。台灣中文系於國府遷台後成立，經歷五、六
〇年代成長、體制確認，之後，大抵維持現狀，變化不大。
而台灣社會自身，台灣與海峽對岸、台灣與東南亞及世界的
關係卻呈現急遽的變遷。這種差距，於世紀末本土化、全球
化的浪潮下，尤其明顯。本土化崛起台灣文學，全球化又使
得外文系、比較文學系，甚至大陸中文系佔盡優勢，在兩者
夾逼之下，台灣中文系是否有無意願應變？又是否已做好應
變的準備？如果應變，那麼將從什麼地方著手？也就是說，
如何可以凸出台灣中文系，以之召喚新舞台的成形。

二、中文教育「傾古典、近小學」的走向

　　當社會的潮流劇烈動盪，中文系卻以幾乎不動的方式，
以幾乎不變的方式來面對。它不只如此，也不時地在做自我
複製，不管是新成立或者是最近才成立的，都跟原來最早的
中文系方向一致，這樣的一個中文系的生態，基本上是傾向
古典而輕視現代的。

　　中文系的向古典傾斜，是很明顯的。在師資的聘任上，
對現當代往往抱著一種輕視的態度，因為現當代文學沒有語
文訓詁的問題，因而任何人都可以教。以我個人為例，我校
的中文系從 1994 年進入中文系所，成為副教授以來，常常只
有我一個人，偶而多一個人是現當代文學的專業教授，其他
的同仁都做古典文學、義理、或者小學；除了專業教授者之
外，沒有人負責的課程就交給其他做古典文學的教授負責。

　　中文系的第二個狀態是重小學而薄文學，像我們系上它

可以有聲韻、訓詁、文字再加上語言學，四個學科，可以有5 到 8 門課，古典文學更不必說，詩、詞、曲、古文都是必修，可是現代文學課程到現在爲止，就還是只有現代小說、現代散文、現代詩這三個，頂多加上文學批評／思潮。由於師資聘任的缺口，寄望於課程的增加是完全不符實際的。

　　因而，像我這樣，做爲一位專業研究現當代文學的學者，我同時在碩班、博班開課，再加上一門通識，大約有 10 堂課，在大學部裡我永遠只能教一門現代課程，後來我也教台灣文學，這就是我大學部的課程。以前師資缺乏，還要搭配上樂府詩，還上過賦、文選、詞選、曲選之類的，這就突顯一個問題就是，光是文學就有這麼大的範疇，但我們中文系希望以最少的人力跨古典跟現代，而又不能捨聲韻、訓詁、思想這些課程，那麼，這些課程應該跟現代產生怎樣的連繫？形成怎樣的對話？這些都是很大的問題。這樣的生態究竟是如何成形的呢？我想可以歸結爲歷史的偶然，因爲很偶然的，像國內、師大的歷任的系所主任都是聲韻學的（見表一、表二）、小學的訓練。後來由師大系統出去籌辦的幾個學校，像師大、政大、成大我不很清楚，但吳嶼先生是國立台灣師範大學的教授，去做成大第 7 任的系主任，像賴明德、吳嶼先生都還是聲韻學、小學背景；於是，就這幾個國立大學中文系來看，基本上還是一個最初的類似中國文化系的一個格局。

　　我們中正大學幾任所長也大部份都跟小學有關，其中謝海平先生是做古典文學的，那謝大寧先生是做思想的，其實還有莊雅州、竺家寧先生兩位是小學背景的；至於現當代文

學背景的，一位也沒有。我想也許創辦人的專長剛好如此，這是一種偶然性；而很巧地，時代剛好遇到中國大陸文化大革命，為了爭取做為「中國」的代表性，遂一昧地倡議古典文學，幾乎是對著五四傳統開倒車；這創辦人背景的偶然性，竟致變成時代的一種必然，如今回想起來，不是中文教育的宿命嗎？

三、中文教育與現代性的扞格

我要進入中文教育與現代性的啟蒙，我所感受到的台灣的中文系，它尚未完成現代性的轉化，不斷地從事中文經典的傳授，這時候它會遇到一個問題：第一個問題是，中文系所期許的做為一個知識份子，他離開校園以後應如何面對現代的社會？從中文經典裡面透露的知識份子的身份，就像余英時先生所觀察到的，士民的出現，原係從最低層的貴族轉化為最高級的庶民，是中國知識階層興起的一個最清楚的標幟。這些有學問有知識的人，其實是要為以後統治的一個任務做準備，他們以「仕」為專業[1]，處於一種「士無定主」的狀態。但是那是古代的一個狀態。它一直保留在中文經典裡

---

1 余英時，古代知識階層的興起與發展（中國知識階層史論古代篇，4～108，余英時，聯經，民 73）從戰國進入秦漢，游士已漸「士族化」，而成為士大夫，和宗族有緊密的結合；另一方面，地主化、恒產化和統一的大帝國出現（他們再也不能游了）。漢晉之際士之新自覺與新思潮（205～329），黨錮之時，士大夫的大群體意識逐步萎縮，個人精神領域逐步擴大；再也不以天下為己任，轉而重視家族、個人。儒學，便僅剩下純學術性的儒學，而以經國濟世或利祿為目的的儒學就衰竭了。

面。

　　現代的社會結構與古代完全不同。現代社會結構的中堅是技術性知識分子，新興職業十分多元[2]，如醫生、律師、貿易商等等，他們以技術與由技術累積的資本變得重要。當中文系的學生畢業以後，他們懷抱著士民淑世的理想性，進入社會，發現現代社會的角色扮演已中文經典中的建構已完全不同，傳統士民爲進入統治階層而做準備；而現代士民的身分，資本才是主軸，如王永慶、張忠謀，他們取代我們傳統定義的士，以文來標誌士的性格這樣的身份與形象。知識分子在中文經典所接受的這種想法，跟他進入社會是有重大落差的，我們的學生，包括我自己、我的同學，或是我比較早的學長，基本上他們進入社會以後都會有一些適應不良的狀況。因爲任重道遠的治道，已蛻化爲激烈競爭的社會分工的**職場**。

　　現代急遽躍進的過程中，與中文文化經典是有所扞格的。

　　再來，就文化本身來看。中文系重視古典文學的教育，而古典文學長久以來就是言文分離的狀況。這也就是說，我們傾力要教給學生的古典文學的訓練，其實是不能適應現代性不斷擴張的傳統。新的事物、器物、思潮不斷地出現，它不斷會有新的名字、新的語言，甚至新的表達工具，例如網路，言說與書寫逐漸合一，古文更無存在的空間。今日（2006/3/19），我在修訂本論文，台北正開始國際展。未來，考托福將直接使用電腦螢幕，不再需要筆。這些中文傳統的

---

2 這也是日治台灣現代性的具體特徵之一。

經典教學裡看不到的現代性躍進，看不到爲現代性而興起的應用中文這一部分。中文經典教育無法承載的應用性，是傳統中文系缺乏的，我們必須仰賴現當代文學。

　　道的多元化、知識份子身份變遷，以及現代語言文字的現代化，其實是中文教育要面對的，必須在課程做怎樣的調整？內容要做怎樣適應性的轉化？這可能是我們這些中文人要面對的。就好像不知何時，我突然變成我們系上最老的人，我們系上所有資深的先生全部到私立學校去教書，所以現在我真的是我們系上最資深的，我比我們系主任還資深，似乎是不能迴避這個問題。

　　中文教育在國府退守台灣，面對大陸的文化大革命，爭取中國的代表權，因而被誘導到傳統漢學的領域，透過漢文教育，不斷被強制地重覆記憶國民政府在中國大陸的那個中國，也就是一個虛擬的中國。那個虛擬的中國透過圖誌的方式，將台北以中國地圖命名；在國民代表大會裡，設置中國各地代表；同時，以中華民國的紀年的方式延續著在中國失去的政權，古典的中文教育與失去的中國，遂以觀念取代實體的存在，不斷的在我們的記憶裡複誦。此一複誦，正是一儀式行爲，現實的時不我予，卻因爲一文化的追認程序取得身分詮釋的正當性。

　　由是，中文教育停留在古典文學與複誦中國的結果，自然產生其與台灣本土的東西斷裂。二二八事件以前，被日本殖民的台灣回到抗日勝利的祖國懷抱，原已不甚愉快。二二八事件以後，爲鞏固國府政權，台灣本土被輕視了，所有關於台灣的話語被視爲低俗，而這不是朝夕的事，遠自一九二

○年代起，張我軍主張以漢文寫作台灣文學，就棄台灣語言與文字資產如敝屣。這也就導致中文教育在台灣文學部分的長期空白。

截至目前為止，中文系較不重視語言的訓練，不只是英文、日文或任何外文的訓練，似乎也不那麼重視現當代語言使用的訓練。當全球化的浪潮澎湃掩至，中文教育似乎是措手不及。

四、結　論 —— 中文教育的挑戰與回應

傳統的中文系，我們究竟要怎樣向前走？要面對的第一個挑戰就是比較文學的挑戰。全球化的挑戰常來自外文系（不是英文系），接下來我們還有應用中文系，以及台灣文學學科體制化、學科化。特別是後者。台灣文學，它先形成一個課程，現在變成一個所、一個系，這都會跟中文系有很多的重疊，產生很多競爭，自然也會有很多的摩擦。

我會用這個方式來思維，中文系不應該把本土性跟應用性或比較文學這一部份，把它切掉。特別是本土性這一部分。以前我們所不願意去面對的，比較現代性的文學創作傳統，而我們不斷要用小學或古典文學去確立的傳統，也許應該要做一個扭轉，要好好想怎麼去進行融合跟開拓。

我以為未來中文系應該內部讓出一個空間來做台灣文學，不要讓中文本土性的部分，或者比較文學、應用中文這部分消失掉，那個被遺落的「作」的傳統，那個因此而呈現的現代性匱缺，應該要設法填補。台灣的中文系，不宜再背負中國文化系那樣沉重的使命，不必以太少的人口去承載太

大的包袱。但同樣的，我也會以為，任何文化傳承都不適宜
做單細胞分裂性的複製，發展中的台灣文學，也應該思考如
何去承接漢文傳統性的遺落。

個人在此提出一個「世紀的預言」，不管中文系同不同
意，未來它將被要求站在本土的基礎上重新向前出發，那個
在特殊時代被遺落的本土性是必然要充實起來。所以，也許
有可能會逐漸去形成一個應該「中台文學系」，類似「英美
文學系」。它是一個比較應用性的，且能兼顧跟世界接合的
一個新系的形貌。

個人以中文系就學迄中文系任教、往返海峽兩岸、並以
創辦台灣文學研究所的經歷，提出以上的觀察、思考與分析，
也許不乏武斷與疏漏，但是不管對還是錯，都期望能與關心
中文教育發展的朋友，共同商榷。

表一

台灣師範大學	系所分立 1946～1991	所長	高　明、林　尹
		系主任	張同光、何　容、高鴻縉、潘重規、程發軔、李曰剛、周　何、李　鍌、黃錦鋐
	系所合一 1991	系主任兼所長	王熙元、邱燮友、賴明德、蔡宗陽、傅武光，陳麗桂

表二

大　　　學	系　名	創立時間	創　立　人
台灣師範大學	國文系	1946	高　明、林尹
政　治　大　學	中文系	1956	高　明
成　功　大　學	中文系	1956	施之勉、宋子開、謝一民
中　興　大　學	中文系	1965	李滌生

全球中文系發展新方向國際會議　　原始議程表

2004 年 6 月 10 日

08:30 - 09:00	報到
09:00 - 09:20	歡迎詞：元智大學詹世弘校長 元智大學人社院院長 / 中國語文學系主任 王潤華教授
09:20 - 09:40	茶敘
09:40 - 11:20 （每人 25 分鐘） 主持：鍾怡雯 　　　李翠瑛 （元智大學）	專題演講 ● 王靖宇（美國史丹佛大學）：美國大學中文系的演變--從語言學習、區域研究到文化研究 ● 王潤華（台灣元智大學）：不斷改名定位、 ● 整合重組、越界轉型、國際/本土化的中文系 ● 單周堯（香港大學）：香港大學中文系的傳 ● 統與新方向 ● 李瑞騰（台灣中央大學）：台灣中文系的新變
11:20 - 12:20 （每人 20 分鐘） 主持：洪惟仁 （元智大學）	● 論大中文系為例 朴宰雨（文發表 ● 梅家玲（台灣大學）：中國文學 / 系在台灣 — 以台韓國外國語大學）：韓國的中文系 ● 新發展、新方向 ● 安部悟（日本愛知大學）：從日本大學傳統的中文系到愛知大學現代中國學部的新模式
12:20 - 12:40	問題與回應
12:40 - 13:30	午餐

13：30 － 14：50 （每人 20 分鐘） 主持：胡順萍 　　　黃秀燕 　　（元智大學）	論文發表 ● 溫儒敏（中國北京大學）：北大中文系近期 ● 本科教學改革的情況 ● 李焯然（新加坡國立大學）：新加坡國立大 ● 學中文系的教學研究新方向與重點 ● 李元瑾（新加坡南洋理工大學）：新加坡南 ● 洋理工大學的華語與文化研究/教學 ● 黃維樑（前香港中文大學、台灣佛光大 ● 學）：中國文學系中的比較文學
14:50 - 15:10	問題與回應
15:10 - 15:40	茶敘
15:40 - 16:40 主持：羅鳳珠 　　　徐富美 　　（元智大學）	論文發表 ● 洪銘水（台灣東海大學）：從美國中文系到 　東海大學中文系 ● 陳徽治（馬來亞大學）：馬來亞大學的漢學 　研究與教學 ● 江寶釵（台灣中正大學）：中正大學的中文 　系
16:40 - 17:00	問題與回應
17：00	閉幕暨晚宴
22：00	返回飯店休息

主辦單位：台灣元智大學中國語文學系

會議網址： http://cl.hs.yzu.edu.tw/ICCS/index.htm